Faturamento e contas médicas: referenciais, encaminhamentos e estratégias de gestão

SÉRIE PRINCÍPIOS DA GESTÃO HOSPITALAR

inter saberes

Faturamento e contas médicas: referenciais, encaminhamentos e estratégias de gestão

Andreia Braga Busmeyer
Rafael Mariano dos Santos

inter saberes

Rua Clara Vendramin, 58 . Mossunguê . CEP 81200-170
Curitiba . PR . Brasil . Fone: (41) 2106-4170
www.intersaberes.com . editora@intersaberes.com

Editora-chefe
Lindsay Azambuja

Gerente editorial
Ariadne Nunes Wenger

Assistente editorial
Daniela Viroli Pereira Pinto

Preparação de originais
Ana Maria Ziccardi

Edição de texto
Mycaelle Sales
Camila Rosa

Capa
Charles L. da Silva (*design*)
THICHA SATAPITANON/Shutterstock (imagem)

Projeto gráfico
Charles L. da Silva (*design*)
MSSA/Shutterstock (imagem)

Diagramação
Regiane Rosa

Equipe de *design*
Charles L. da Silva
Sílvio Gabriel Spannenberg

Iconografia
Regina Claudia Cruz Prestes
Sandra Lopis da Silveira

Dados Internacionais de Catalogação na Publicação (CIP)
(Câmara Brasileira do Livro, SP, Brasil)

Busmeyer, Andreia Braga
Faturamento e contas médicas: referenciais, encaminhamentos e estratégias de gestão/Andreia Braga Busmeyer, Rafael Mariano dos Santos. Curitiba: Intersaberes, 2023. (Série Princípios da Gestão Hospitalar).

Bibliografia.
ISBN 978-85-227-0384-5

1. Hospitais – Administração 2. Hospitais – Contabilidade 3. Hospitais – Controle de custo 4. Hospitais – Finanças I. Santos, Rafael Mariano dos. II. Título. III. Série.

23-142708 CDD-657.8322

Índices para catálogo sistemático:
1. Gestão financeira hospitalar 657.8322
Eliete Marques da Silva - Bibliotecária - CRB-8/9380

1ª edição, 2023.

Foi feito o depósito legal.

Sumário

Aos nossos familiares, que não mediram esforços para compreender os momentos de dedicação à formação desta obra.

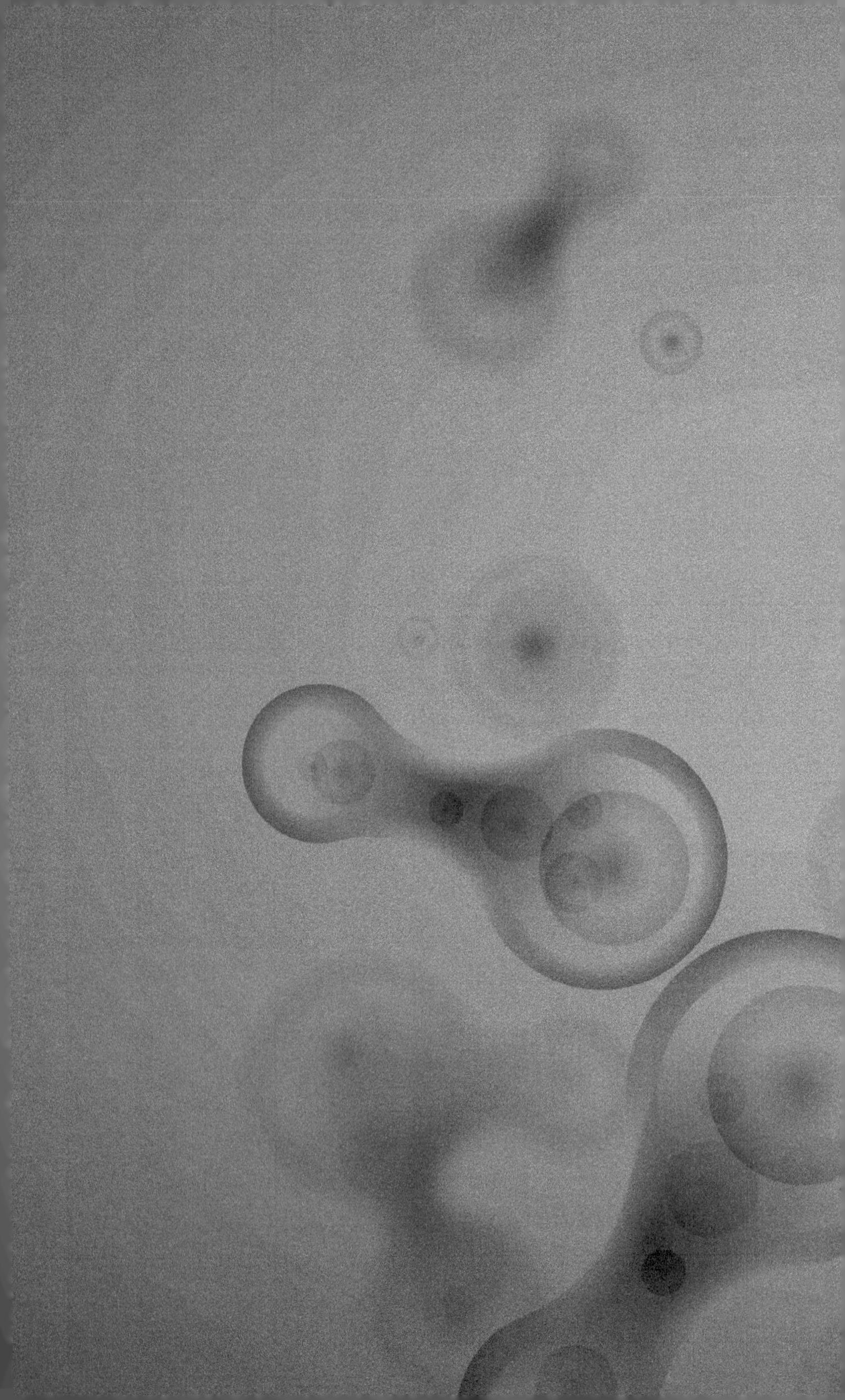

A Deus, pela oportunidade de compartilharmos conhecimento e contribuirmos para a formação de novos gestores, comprometidos com a excelência do atendimento.

Aos familiares e amigos que nos deram suporte para que este livro se materializasse.

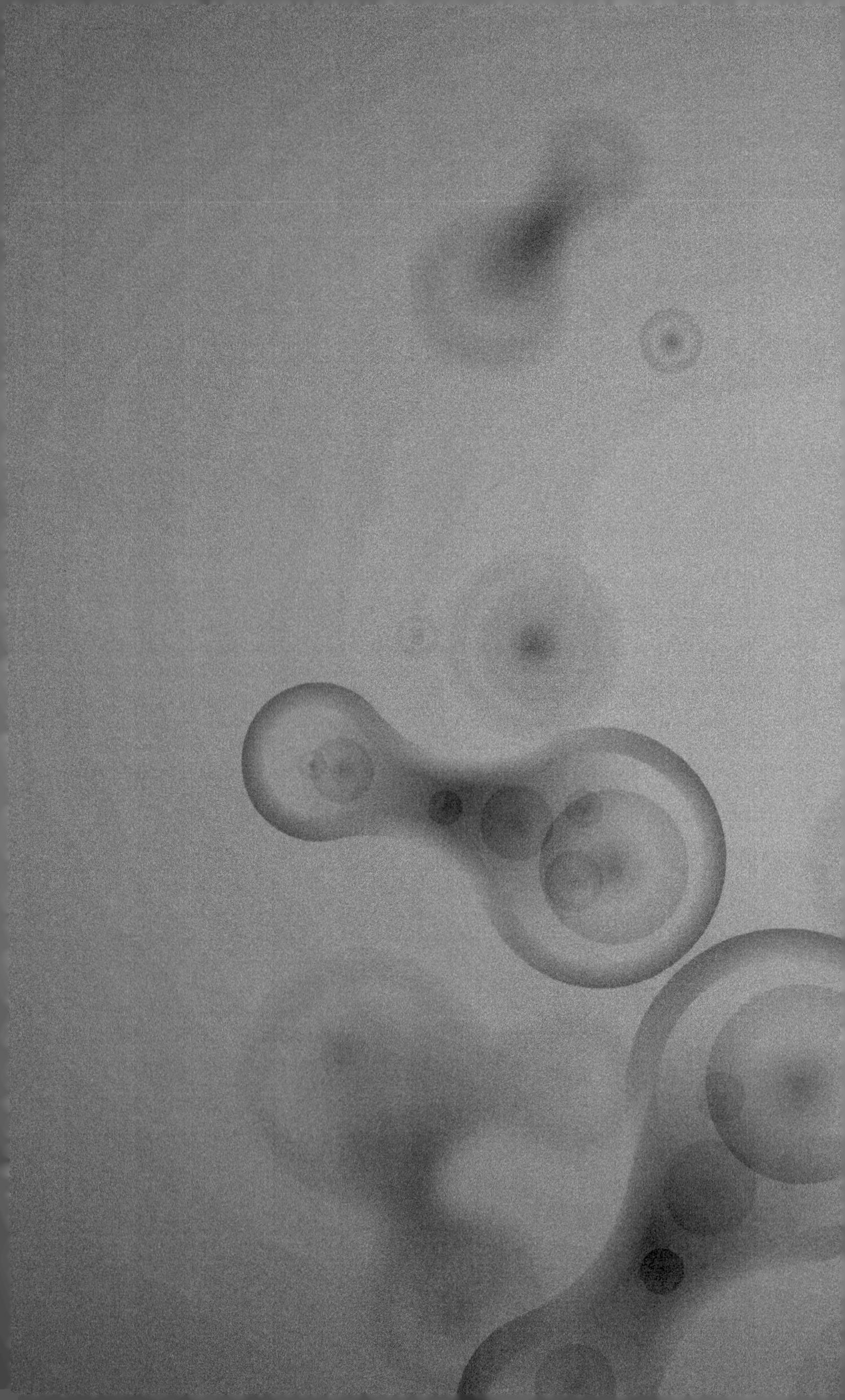

Prefácio

Me lembro como se tivesse sido ontem. Quando iniciei as primeiras atividades de trabalho relacionadas aos processos na área da saúde, precisei assimilar conhecimentos sobre faturamento e contas médicas. Pude constatar que, além de ser uma vertente de grande relevância para a organização, havia várias diretrizes e fluxos a serem seguidos para garantir uma gestão eficiente.

Quando a Andreia comentou sobre o livro, tendo em vista sua vivência profissional e seu conhecimento primoroso sobre o tema, não tive dúvidas de que iria agregar, e muito, para o melhor entendimento do processo como um todo. Enquanto a autora falava sobre quais itens seriam essenciais para o livro, imediatamente me recordei daqueles momentos, há 11 anos, quando eu dava meus primeiros passos na área e me deparava com várias dúvidas. Então, além de estar entusiasmada pelo conhecimento compartilhado, tive a grata surpresa de ser convidada para contribuir com alguns trechos da obra.

Atualmente, conheço todo o processo e imagino quais sejam os primeiros questionamentos do leitor: O que é faturamento hospitalar? Qual a importância? Qual o envolvimento do meu setor? Qual é o fluxo das informações? Quantas são as siglas e o que significam?

Considerando a importância do faturamento correto das contas médicas para a organização, percebo que os autores pensaram sobre os principais temas, com vistas a agregar conhecimento sobre tópicos centrais, de forma leve e abrangente.

A rentabilidade de uma instituição hospitalar está atrelada à qualidade de seus serviços. Por isso, é fundamental que o profissional tenha entendimento adequado e consiga atualizar seus conhecimentos, não apenas para se manter no mercado, mas também para, ao aplicá-los, cooperar para a "saúde financeira" da organização na qual trabalha.

Nesta obra, são abordados os conceitos básicos de faturamento, seus objetivos e as siglas mais utilizadas, a qualidade no ambiente hospitalar, bem como os procedimentos e os processos do faturamento. Considerando que o faturamento de contas hospitalares é complexo e extenso, ele exige a participação dos diversos setores da instituição. E este livro oferece uma visão ampla desse processo e de suas particularidades.

Continue lendo as próximas páginas! Nelas, você obterá as respostas para aquelas primeiras dúvidas de quando iniciamos a caminhada na área, ou de quando sentimos a necessidade de novos desafios, o que requer que nos submetamos a um novo processo. Se você atua na área e tem experiência no assunto, poderá renovar seu entendimento, além de incorporar novos saberes à sua experiência.

Fabiana de Freitas Mendes

Bacharel em Administração pela Faculdade Integradas Camões (2013), especialista com MBA em Gestão da Excelência em Serviços de Saúde pela Universidade Positivo (2019) e MBA em Governança, Riscos, Regulação e *Compliance* em Saúde pela Faculdade Unimed. Atua como analista regulatório em operadora de saúde.

Apresentação

É com grande satisfação que trazemos a lume a presente obra, cujo escopo é ajudar quem está dando os primeiros passos no setor, bem como atualizar aqueles que já se encontram no campo há muito tempo, mas que, vez ou outra, ainda se veem diante de dúvidas sobre determinados procedimentos. Neste livro, reunimos não apenas o conhecimento obtido após longos anos de leituras e cursos de pós-graduação, como também, o mais importante, a experiência na área.

Nosso propósito, portanto, é fornecer um guia seguro que poderá ser utilizado como material didático e como fonte de consultas futuras e pesquisas. Com esse objetivo em mente, estruturamos este material em seis capítulos, que contemplam alguns gráficos e as principais tabelas que o gestor deverá consultar em seu cotidiano.

No Capítulo 1, discorremos sobre a necessidade de qualidade no ambiente com vistas à obtenção da certificação e da acreditação.

No Capítulo 2, abordamos o conceito de faturamento e sua importância para uma gestão eficaz, sobretudo seu impacto na melhoria da receita de um hospital ou uma instituição de saúde.

No Capítulo 3, apresentamos as etapas do processo de faturamento – o preparo da conta, a auditoria e o efetivo faturamento. Para evitar embaraços no decorrer das atividades, enfatizamos que é preciso organização e cooperação entre os setores envolvidos.

No Capítulo 4, tratamos da gestão das informações para possíveis futuras consultas, assim como do papel da informatização nesse contexto, a qual possibilita a organização e o armazenamento ilimitado de dados antigos, por anos a fio.

No Capítulo 5, apresentamos a noção de *glosa*, que nada mais é que a inadimplência, seja por parte das operadoras de saúde, seja por parte dos prestadores de serviço, e apontamos algumas ações que podem ser tomadas para evitá-la e, assim, aperfeiçoar a gestão.

No Capítulo 6, versamos sobre a noção de *auditoria* e seus tipos, a adaptação desses conceitos à área da gestão hospitalar e sua relevância para a manutenção das instituições de saúde. Ao final, elencamos estratégias para prevenir o fomento da competitividade entre os setores, de maneira a assegurar a lisura em todas as etapas da auditoria.

Enfim, esperamos que esta obra ajude você, estudante ou profissional do setor, a prosseguir na carreira com segurança e alcançar os melhores resultados possíveis!

Como aproveitar ao máximo este livro

Empregamos nesta obra recursos que visam enriquecer seu aprendizado, facilitar a compreensão dos conteúdos e tornar a leitura mais dinâmica. Conheça a seguir cada uma dessas ferramentas e saiba como estão distribuídas no decorrer deste livro para bem aproveitá-las.

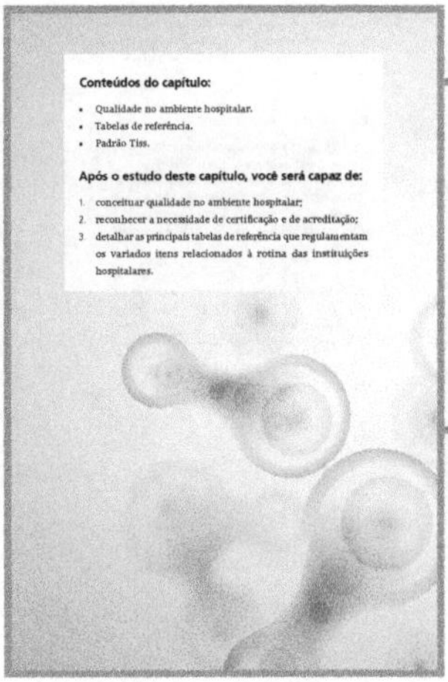

Conteúdos do capítulo:
• Qualidade no ambiente hospitalar.
• Tabelas de referência.
• Padrão Tiss.
Após o estudo deste capítulo, você será capaz de:
1. conceituar qualidade no ambiente hospitalar;
2. reconhecer a necessidade de certificação e de acreditação;
3 detalhar as principais tabelas de referência que regulamentam os variados itens relacionados à rotina das instituições hospitalares.

Conteúdos do capítulo:

Logo na abertura do capítulo, relacionamos os conteúdos que nele serão abordados.

Após o estudo deste capítulo, você será capaz de:

Antes de iniciarmos nossa abordagem, listamos as habilidades trabalhadas no capítulo e os conhecimentos que você assimilará no decorrer do texto.

Preste atenção!

As guias de cobrança também são conhecidas como *guias de faturamento*, porque consistem em documentos enviados às operadoras de planos de saúde com a descrição de todos os procedimentos realizados no atendimento ao paciente.

3.2 Fluxo do faturamento

Pedroso e Malik (2011) afirmam que o setor de saúde é considerado o mais complexo em termos de gestão na atualidade. Essa complexidade é resultado de aspectos peculiares da área, como a abrangência ampla, os diversos atores envolvidos e os valores sociais e econômicos que impactam na gestão dessas organizações, as quais precisam alinhar o orçamento financeiro e o custo da prestação dos serviços com o aproveitamento máximo da eficiência dos recursos.

Mauriz et al. (2012, p. 41) explicam que

> as evasões de receitas operacionais no faturamento podem ser causadas por alguns dos fatores a seguir: não cobrança de materiais e medicamentos utilizados; não cobrança de serviços de apoio diagnóstico ocasionado por um processo de trabalho ainda não compreendido por todos; não cumprimento de prazos para a entrega do faturamento; não recebimento ocasionado por glosas; tabela de procedimentos desatualizados.

As autoras enfatizam que, para evitar a evasão de receitas, "o faturamento deve instituir fortemente objetivos setoriais comuns a todos os seus colaboradores internos" (Mauriz et al., 2012, p. 42). Caso isso não aconteça, pode haver uma diminuição

Processos de faturamento 85

Preste Atenção!

Apresentamos informações complementares a respeito do assunto que está sendo tratado.

Para saber mais

Sugerimos a leitura de diferentes conteúdos digitais e impressos para que você aprofunde sua aprendizagem e siga buscando conhecimento.

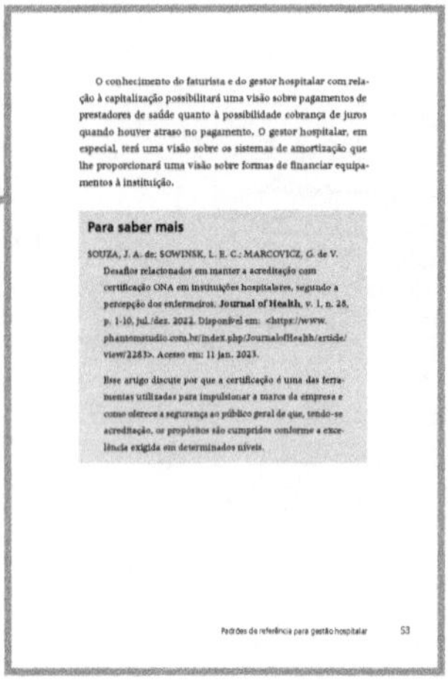

O conhecimento do faturista e do gestor hospitalar com relação à capitalização possibilitará uma visão sobre pagamentos de prestadores de saúde quanto à possibilidade cobrança de juros quando houver atraso no pagamento. O gestor hospitalar, em especial, terá uma visão sobre os sistemas de amortização que lhe proporcionará uma visão sobre formas de financiar equipamentos à instituição.

Para saber mais

SOUZA, J. A. de; SOWINSK, L. E. C.; MARCOVICZ, G. de V. Desafios relacionados em manter a acreditação com certificação ONA em instituições hospitalares, segundo a percepção dos enfermeiros. **Journal of Health**, v. 1, n. 28, p. 1-10, jul./dez. 2022. Disponível em: <https://www.phantomstudio.com.br/index.php/JournalofHealth/article/view/2283>. Acesso em: 11 jan. 2023.

Esse artigo discute por que a certificação é uma das ferramentas utilizadas para impulsionar a marca da empresa e como oferece a segurança ao público geral de que, tendo-se acreditação, os propósitos são cumpridos conforme a excelência exigida em determinados níveis.

Padrões de referência para gestão hospitalar 53

Síntese

Neste capítulo, apresentamos a definição de *glosa*, que, em linhas gerais, pode ser entendida como a inadimplência tanto da parte das operadoras (que podem contestar a consistência e a veracidade das informações contidas no prontuário) quanto em relação aos prestadores de serviços. As glosas podem ser administrativas e/ou técnicas. Para a superação dessas intercorrências, enfatizamos a importância de informações completas nos prontuários, prescrições adequadas de medicamentos e procedimentos e revisão por parte da enfermagem.

Discorremos sobre as ações de faturamento, ressaltando que, para evitar o recurso de glosas, as auditorias preventivas são primordiais, pois nelas são feitas as conferências de todos os dados discriminados nos prontuários. Abordamos a relevância dos indicadores para o processo de instauração de medidas que visam ao gerenciamento das instituições de saúde, pois, por meio deles, é possível analisar a situação presente e projetar estratégias para o futuro. Os parâmetros essenciais à construção de um bom indicador são a comparabilidade, a disponibilidade de informações, a normalidade, a quantificação e a simplicidade.

Encerramos o capítulo com uma exposição acerca de atitudes preventivas para elevar a qualidade da gestão. As ações elencadas foram: 1) implantação de prontuários eletrônicos; 2) digitalização de processos; 3) realização de auditorias internas; 4) capacitação dos colaboradores; 5) submissão às leis que regulamentam o setor de saúde e 6) necessidade de contratos que normatizem a prestação de serviços de saúde.

164 Faturamento e contas médicas: referenciais, encaminhamentos e estratégias de gestão

Síntese

Ao final de cada capítulo, relacionamos as principais informações nele abordadas a fim de que você avalie as conclusões a que chegou, confirmando-as ou redefinindo-as.

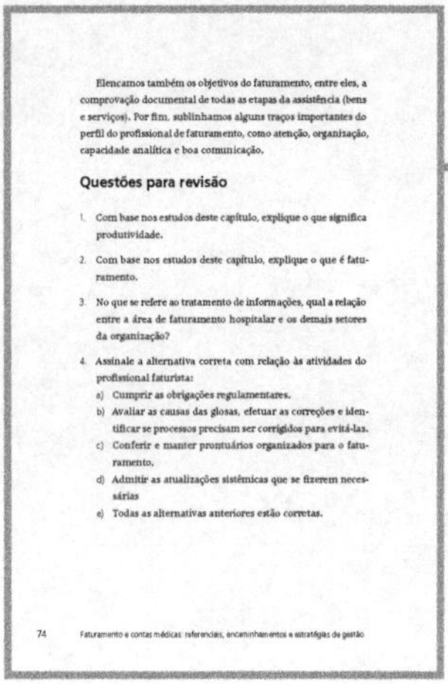

Elencamos também os objetivos do faturamento, entre eles, a comprovação documental de todas as etapas da assistência (bens e serviços). Por fim, sublinhamos alguns traços importantes do perfil do profissional de faturamento, como atenção, organização, capacidade analítica e boa comunicação.

Questões para revisão

1. Com base nos estudos deste capítulo, explique o que significa produtividade.
2. Com base nos estudos deste capítulo, explique o que é faturamento.
3. No que se refere ao tratamento de informações, qual a relação entre a área de faturamento hospitalar e os demais setores da organização?
4. Assinale a alternativa correta com relação às atividades do profissional faturista:
   a) Cumprir as obrigações regulamentares.
   b) Avaliar as causas das glosas, efetuar as correções e identificar se processos precisam ser corrigidos para evitá-las.
   c) Conferir e manter prontuários organizados para o faturamento.
   d) Admitir as atualizações sistêmicas que se fizerem necessárias
   e) Todas as alternativas anteriores estão corretas.

74 Faturamento e contas médicas: referenciais, encaminhamentos e estratégias de gestão

Questões para revisão

Ao realizar estas atividades, você poderá rever os principais conceitos analisados. Ao final do livro, disponibilizamos as respostas às questões para a verificação de sua aprendizagem.

Questões para reflexão

Ao propor estas questões, pretendemos estimular sua reflexão crítica sobre temas que ampliam a discussão dos conteúdos tratados no capítulo, contemplando ideias e experiências que podem ser compartilhadas com seus pares.

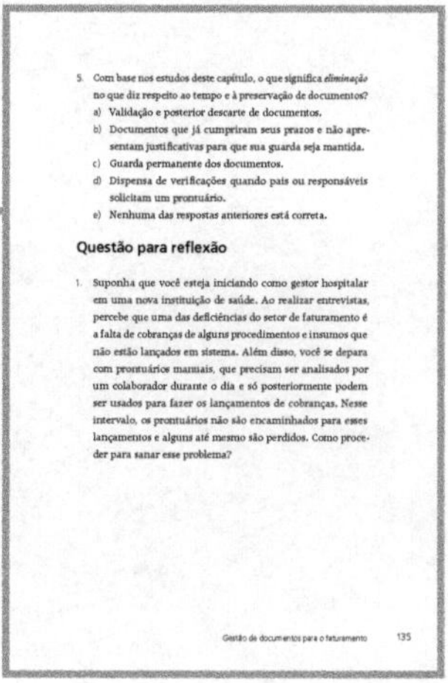

5. Com base nos estudos deste capítulo, o que significa *eliminação* no que diz respeito ao tempo e à preservação de documentos?
   a) Validação e posterior descarte de documentos.
   b) Documentos que já cumpriram seus prazos e não apresentam justificativas para que sua guarda seja mantida.
   c) Guarda permanente dos documentos.
   d) Dispensa de verificações quando pais ou responsáveis solicitam um prontuário.
   e) Nenhuma das respostas anteriores está correta.

Questão para reflexão

1. Suponha que você esteja iniciando como gestor hospitalar em uma nova instituição de saúde. Ao realizar entrevistas, percebe que uma das deficiências do setor de faturamento é a falta de cobranças de alguns procedimentos e insumos que não estão lançados em sistema. Além disso, você se depara com prontuários manuais, que precisam ser analisados por um colaborador durante o dia e só posteriormente podem ser usados para fazer os lançamentos de cobranças. Nesse intervalo, os prontuários não são encaminhados para esses lançamentos e alguns até mesmo são perdidos. Como proceder para sanar esse problema?

Gestão de documentos para o faturamento 135

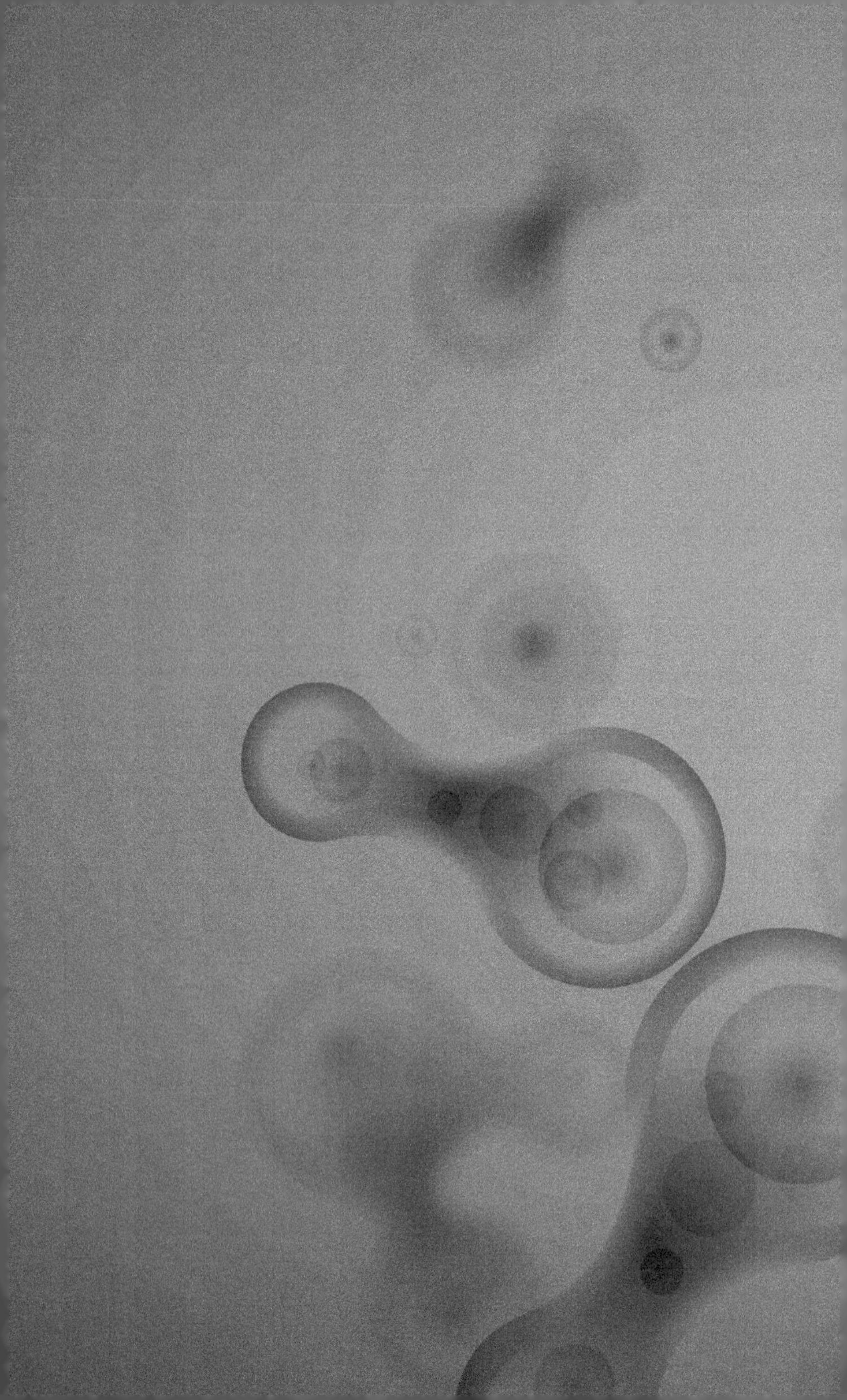

Capítulo 1

Padrões de referência para gestão hospitalar

Conteúdos do capítulo:

- Qualidade no ambiente hospitalar.
- Tabelas de referência.
- Padrão Tiss.

Após o estudo deste capítulo, você será capaz de:

1. conceituar qualidade no ambiente hospitalar;
2. reconhecer a necessidade de certificação e de acreditação;
3. detalhar as principais tabelas de referência que regulamentam os variados itens relacionados à rotina das instituições hospitalares.

1.1 Qualidade no ambiente hospitalar

De acordo com o *Manual Brasileiro de Acreditação Hospitalar*, "A missão essencial das instituições hospitalares é atender a seus pacientes da forma mais adequada" (Brasil, 2002a, p. 11). Nesse sentido, é fundamental que a instituição de saúde busque a melhoria permanente da qualidade de sua gestão operacional e assistencial. Essa busca constante está bastante atrelada ao atendimento humanizado como requisito diferenciado, visto que o acolhimento pelas equipes de saúde proporciona uma relação de proximidade, além da mudança para uma cultura que privilegie um ambiente confortável para o paciente.

Feldman, Gatto e Cunha (2005, p. 214) citam Novaes e Paganini (1994) para definir a **qualidade** como "um processo dinâmico, ininterrupto e de exaustiva atividade permanente de identificação de falhas nas rotinas e procedimentos, que devem ser periodicamente revisados, atualizados e difundidos". Assim, é necessário avaliar a qualidade por meio do uso de todas as ferramentas disponíveis.

O estabelecimento de padrões e de critérios de qualidade, baseados em indicadores de desempenho para cada um dos processos internos, possibilita que a prestação dos serviços de saúde alcance níveis de excelência.

O Ministério da Saúde tem desenvolvido grandes esforços para incentivar o aprimoramento da assistência hospitalar à população e a melhoria na gestão das instituições hospitalares. Com esse objetivo, tem implementado programas como o de Centro Colaboradores para a Qualidade da Gestão de Assistência Hospitalar, o de Humanização da Assistência, o de

> Modernização Gerencial dos Grandes Estabelecimentos e o de Acreditação Hospitalar. Tem realizado também significativos investimentos no reequipamento e na reforma de inúmeros hospitais em todo o País. (Brasil, 2002a, p. 11)

Bittar (1999, p. 357) explica que a qualidade, em ambiente de saúde, é um processo que pode ser dividido em duas vertentes:

1. **Certificação**: Processo pelo qual uma entidade ou indivíduo é reconhecido por suas qualificações predeterminadas. Esse certificado é emitido por uma agência governamental ou uma associação profissional.
2. **Acreditação**: Processo voluntário e periódico cujo objetivo é garantir a qualidade da assistência por meio de padrões previamente definidos. Podem ser mínimos (requisitos-base) ou mais elaborados, aumentando o nível da instituição.

Ainda segundo Bittar (1999), o termo *certificação* é utilizado por instituições que se baseiam nas normas da International Organization for Standardization (em português, Organização Internacional de Normalização), mais conhecida como *norma ISO*, para atestar a qualidade de seus processos; já o termo *acreditação* é usado por instituições como a Joint Commission on Accreditation of Healthcare Organizations (JCAHO).

Conforme Burmester (2013), a adoção de metodologia adequada permite separar os processos da organização e compreendê-los, identificar pontos fracos e propor soluções factíveis para contorná-los, validando ações, avaliando resultados e implementando o processo como rotina.

A Figura 1.1, a seguir, reproduz o modelo de Bittar.

Figura 1.1 – Modelo de Bittar

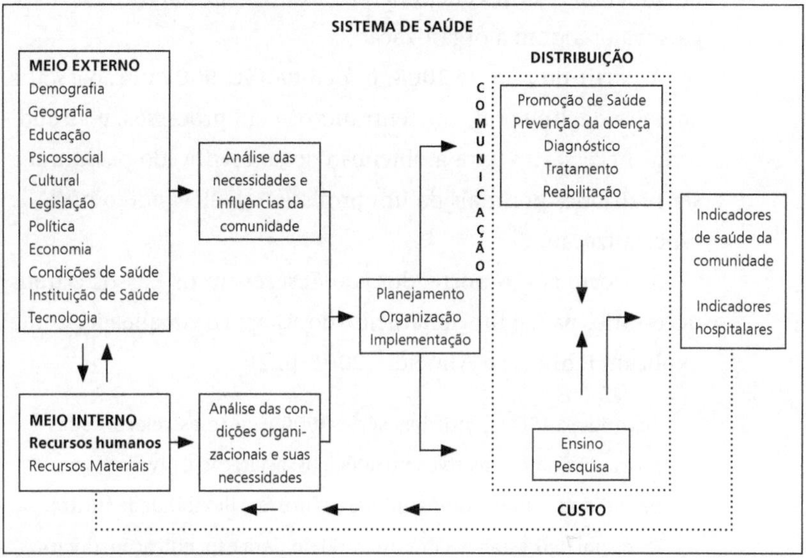

Fonte: Bittar, 1999, p. 358.

O modelo de Bittar reproduzido na Figura 1.1 demonstra que estrutura e processo caracterizam o interior da instituição, além de apontar os passos que devem ser observados, o ambiente que evidencia os fatores e as variáveis, interferindo no processo de produção de programas e serviços. Os processos demandam planejamento e organização, momento em que as premissas são elencadas; em seguida, elas são atendidas por programas e serviços.

1.1.1 Certificação

Por diversos anos, a norma brasileira (NBR) ISO 9000 foi associada ao sistema de gestão da qualidade, sendo vista pelas organizações e seus colaboradores como burocrática e de difícil aplicação.

Comumente, era compreendida como um órgão cujas exigências documentais e de preenchimento de outros formulários não agregava valor algum à organização.

A partir do ano de 2008, o foco da ISO 9001 ultrapassou a barreira documental, concentrando-se em processos, e as auditorias necessárias para a obtenção desse certificado passaram a ser realizadas por mais de um profissional, elevando o nível de especialização.

As normas são norteadoras e descrevem os passos e itens necessários para o funcionamento do sistema da qualidade. Como explicam Ichinose e Almeida (2001, p. 2):

> Segundo a ISO, as normas série 9000 e normas relacionadas possuem quatro objetivos estratégicos: aceitação universal, compatibilidade atual, compatibilidade futura e flexibilidade futura. Estas normas estabelecem um modelo para especificação, documentação e manutenção de um sistema da qualidade, sendo constituídas por um conjunto de princípios que identificam as necessidades básicas de disciplina interna da empresa e especificam os procedimentos e critérios para assegurar que seu produto atenda às necessidades do consumidor. Adicionalmente, as normas descrevem quais elementos o sistema da qualidade deve englobar, mas não como uma organização especifica deve implementar estes elementos. A certificação é concedida a aqueles que cumprirem suas exigências.

O enfoque da ISO 9001:2001 é a abordagem por processos, adequando-se, sobretudo, ao setor de serviços. O propósito da norma é a satisfação do cliente, por meio do atendimento de suas demandas ou seus requisitos com base em processos adequados.

O percurso seguido pela instituição para obter tal certificação demonstra, por meio da auditoria ali realizada, que suas atividades atendem aos requisitos necessários – e essa verificação é atestada por um certificado escrito. Entretanto, ainda que certificada a qualidade, é fundamental que a instituição continue a aperfeiçoar seus processos para elevá-la e, por conseguinte, conquistar novas certificações.

1.1.2 Acreditação

O processo de acreditação hospitalar ocorre por meio da cooperação entre as comunidades técnica, científica ou clínica, com foco na parte técnica, contribuindo, ainda, para a melhoria do desempenho na gestão das instituições. O escopo de avaliação é determinado pela norma de acreditação.

O instrumento de avaliação indicado no *Manual Brasileiro de Acreditação Hospitalar* (Brasil, 2002a) consiste na verificação do cumprimento de padrões preestabelecidos, divididos em três níveis de exigência crescente:

- **Nível 1**: Como limite mínimo de qualidade de um serviço hospitalar, contempla a referência básica para os serviços assistenciais e está relacionado ao princípio da segurança.
- **Nível 2**: Consiste em evidências que comprovem a adoção de planejamento, existência de normas e rotinas documentadas, treinamentos, estatísticas que possam auxiliar a decisão clínica assistencial e gerencial da instituição, além de práticas de auditoria interna. Está vinculado aos princípios da segurança e da organização.
- **Nível 3**: Considera evidências de que a instituição mantém políticas institucionais de melhoria contínua, que devem levar em conta estruturas, novas tecnologias, ações de enfermagem e procedimentos de atenção à saúde. Esse nível objetiva

a excelência, com base nos princípios de segurança, organização e práticas de gestão de qualidade.

A acreditação, quando efetivada por intermédio desse instrumento, não admite a avaliação departamental da instituição; o enfoque consiste em reforçar que estrutura e processos da instituição estejam interligados, o que evidencia a indispensabilidade da qualidade do conjunto como um todo.

O processo de acreditação hospitalar pode ser nacional – realizado por entidades do país da instituição, com validade apenas local – e internacional – auditado e validado por instituições mundiais.

Aqui, abordaremos o programa de acreditação da Organização Nacional de Acreditação (ONA), com maior destaque no Brasil, que integra iniciativas com o Ministério da Saúde, voltadas a atestar a qualidade da saúde, com foco na segurança do paciente. No *site* da organização, encontramos a seguinte descrição:

> A Organização Nacional de Acreditação (ONA) é responsável pelo desenvolvimento e gestão dos padrões brasileiros de qualidade e segurança em saúde. Desde 1999, a ONA trabalha para que as instituições de saúde do Brasil adotem práticas de gestão e assistenciais que levem à melhoria do cuidado para o paciente. Hoje, mais de 80% das instituições acreditadas no país adotam os padrões ONA. Além de referência nacional, os padrões ONA são reconhecidos no exterior. A ONA é membro da Internacional Society for Quality in Health Care (ISQua), atuando ao lado de instituições que promovem a qualidade da saúde em países como Estados Unidos, Reino Unido, França e Canadá. (ONA, 2022)

Após a sua instituição, a ONA colaborou com o Manual Brasileiro de Acreditação Hospitalar das organizações prestadoras de serviços hospitalares, publicado pelo Ministério da Saúde (Brasil, 2002a). Nesse manual, são listados os princípios gerais e as diretrizes condutoras do processo de acreditação, o instrumento e a metodologia de avaliação, além de definidos **níveis**, **padrões**, **seções** e **subseções**. Essa definição é essencial para garantir a padronização do processo de avaliação desenvolvido pelas instituições acreditadoras, independentemente da complexidade ou da especialidade do hospital. Há também orientações específicas de condutas a serem adotadas pelos avaliadores em situações ímpares.

No Quadro 1.1 estão indicados os **níveis de acreditação** e suas características.

Quadro 1.1 – Detalhamento dos níveis de acreditação

Os níveis e suas características		
ONA 1 Acreditado	Para instituições que atendem aos critérios de segurança do paciente em todas as áreas de atividades, incluindo aspectos estruturais e assistenciais.	Tem validade de 2 anos e recebe visita de manutenção a cada 8 meses.
ONA 2 Acreditado pleno	Para instituições que, além de atender aos critérios de segurança, apresenta gestão integrada, com processos ocorrendo de maneira fluida e plena comunicação entre as atividades.	Tem validade de 2 anos e recebe visita de manutenção a cada 8 meses.
ONA 3 Acreditado com excelência	O princípio desse nível é a "excelência em gestão". Uma Organiação ou Programa da Saúde Acreditado com excelência atende aos níveis 1 e 2, além dos requisitos específicos do nível 3. A instituição já deve demonstrar uma cultura organizacional de melhoria contínua com maturidade institucional.	Tem validade de 3 anos e recebe visita de manutenção a cada ano.

Fonte: ONA, 2021, p. 5.

Como já mencionado, a admissão a uma acreditação é voluntária, ou seja, a própria instituição hospitalar ou de saúde decide submeter seus processos à avaliação de uma entidade credenciada, a fim de identificar a eficácia e apontar, conforme sua realidade, melhorias no atendimento de seus pacientes.

Dessa maneira, a acreditação exerce papel fundamental na melhoria contínua, possibilita a avaliação de atividades gerenciais com o intuito de aumentar os resultados da instituição que se candidatou à certificação, permite elevar a qualidade dos serviços prestados, além de promover o reconhecimento entre as empresas de serviços de saúde.

1.2 Tabelas de referência já propostas

Em 1988, com a promulgação da Constituição Federal (Brasil, 1988), foi criado o Sistema Único de Saúde (SUS), cuja finalidade é assegurar o acesso universal e gratuito da população à saúde, subvencionado por recursos advindos dos orçamentos da União, dos estados e dos municípios. Sua implantação ocorreu em 1990, por meio da Lei n. 8.080, de 19 de setembro de 1990 (Brasil, 1990b).

Para a composição e a análise dos dados de saúde dos beneficiários do SUS, o uso de padrões é fundamental, porém, esses dados representam um grande desafio, devido à evolução dos sistemas de saúde e à necessidade de as organizações se adequarem para criar modelos integrados e complementares de comunicação e tecnologia.

Mesmo não sendo essenciais no cotidiano do faturista, discorreremos sobre algumas tabelas de referência para o faturamento de contas médicas, visto que podem facilitar o trabalho do futuro gestor hospitalar.

1.2.1 Tabela Simpro

A empresa SIMPRO Informações e Soluções em Saúde iniciou suas atividades em 1978, a princípio com ações voltadas ao público farmacêutico, exclusivamente farmácias e drogarias. Com o passar dos anos e o avanço de tecnologias, tornou-se referência nacional para prestadores de serviços na área da saúde (Simpro, 2022). A empresa assim se apresenta:

> A Simpro é responsável pela administração e difusão de informações detalhadas sobre mais de 120 mil itens de produtos, envolvendo códigos para preenchimento dos formulários TISS/TUSS, histórico de preços, consulta de fabricantes e distribuidores, tipo de material, especialidade, classe terapêutica, princípio ativo, e outros. (Simpro, 2022)

Em linhas gerais, a tabela Simpro reúne dados referentes a valores de materiais, medicamentos e procedimentos médico-hospitalares, convertendo-se em uma fonte muito confiável por ser alimentada e atualizada bimestralmente com informações dos próprios fabricantes e distribuidores.

A tabela Simpro está em conformidade com o padrão Tiss (Troca de Informações na Saúde Suplementar), da Agência Nacional de Saúde (ANS), tanto que suas informações de codificação dos eventos são utilizadas na Tuss (Tabela Unificada da Saúde Suplementar).

Dada sua confiança e seu prestígio, muitos contratos entre hospitais e planos de saúde privados recorrem à tabela Simpro como base de cálculo para o faturamento.

1.2.2 Brasíndice

A tabela Brasíndice, também conhecida como *Revista Brasíndice*, apresenta os valores pelos quais os medicamentos são comercializados em nosso país e o valor máximo pelo qual podem ser repassados ao consumidor.

Com atualização quinzenal, essa tabela de precificação procura evitar que valores superiores sejam praticados pelo mercado da saúde.

1.2.3 Lista de procedimentos médicos (LPM)

Maciel, Ferreira e Marin (2018) apresentam a seguinte definição sobre a lista de procedimentos médicos (LPM):

> A Lista de Procedimentos Médicos (LPM) foi criada em 1996 pela AMB, diferente das tabelas anteriores, que são precificadas por meio de Coeficiente de Honorários Médicos (CH), esta nova versão modificou a precificação, seus valores passaram a ser expressos em moeda real. Esta tabela foi atualizada em 1999, seus procedimentos são distribuídos por especialidade médica. Esta terminologia foi utilizada para diversas finalidades pelas instituições de saúde, como classificar, precificar e levantar informações. Em agosto de 2003, por meio de comunicado oficial da AMB teve os seus trabalhos encerrados, passando a vigorar a CBHPM.

A tabela LPM não é mais atualizada, todavia, é importante que o gestor hospitalar tenha conhecimento de sua existência, já que muitos prestadores de serviços mantêm contratos antigos com instituições de saúde (hospitalares e ambulatoriais), e alguns destes podem remeter à remuneração dessa tabela. Logo, citamos esse conteúdo apenas a título de conhecimento.

1.2.4 Tabela de procedimentos, medicamentos, órteses, próteses e materiais especiais do Sistema Único de Saúde

Mais conhecida como *tabela de procedimento SUS*, ela foi criada pela Portaria n. 321, de 8 de fevereiro de 2007 (Brasil, 2007a), e publicada pela Portaria n. 2.848, de 6 de novembro de 2007 (Brasil, 2007b) – ambas do Ministério da Saúde. Essa tabela contempla valores de remuneração dos procedimentos e eventos em saúde, correlacionando tais eventos com a Classificação Estatística Internacional de Doenças e Problemas Relacionados com a Saúde (CID 10), a Classificação Brasileira de Ocupações (CBO) e as especialidades médicas.

A atualização é mensal e de responsabilidade do Departamento de Informática do SUS (DataSus). Por essa razão, consideramos que não seria válido exemplificá-la, visto que estará rapidamente desatualizada. Ela pode ser facilmente consultada no *site* do DataSus[1], cuja tela inicial está ilustrada na Figura 1.2.

1 O endereço eletrônico DataSus para essa tabela é: <http://sigtap.datasus.gov.br/tabela-unificada/app/sec/inicio.jsp>. Acesso em: 2 dez. 2022.

Figura 1.2 – Tela inicial do Sigtap

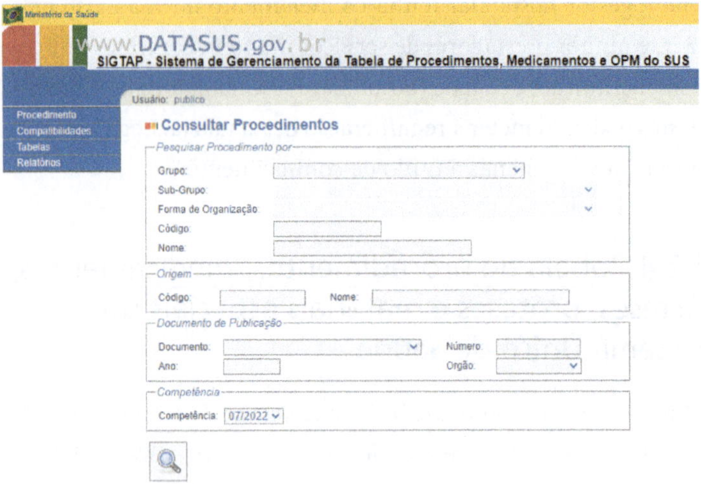

Fonte: DataSus, 2022.

A busca pela informação é feita por grupo, como visto na Figura 1.3.

Figura 1.3 – Tela de consulta do Sigtap

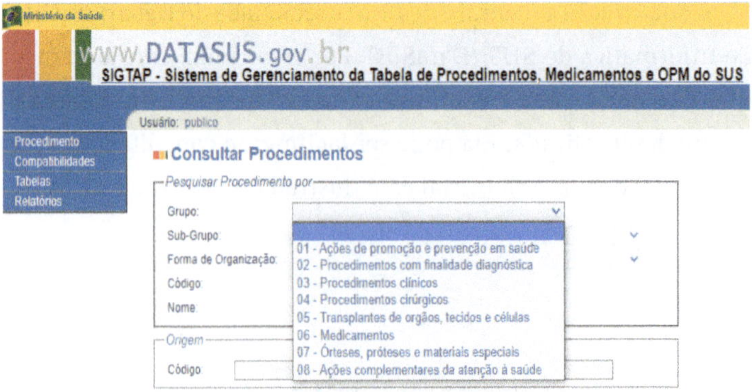

Fonte: DataSus, 2022.

Para exemplificar, pesquisamos no Grupo 03 – Procedimentos Clínicos. Nesse item, o sistema abre a opção de inserir um subgrupo e, ainda, a forma de organização (Figura 1.4).

Figura 1.4 – Tela de consulta

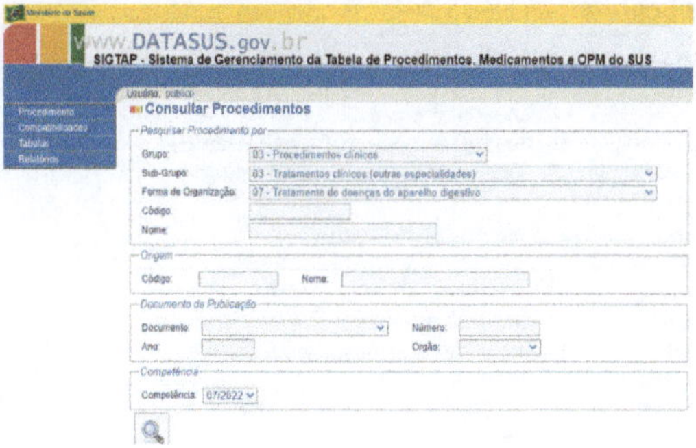

Fonte: DataSus, 2022.

Ao clicar em *localizar*, o sistema apresenta a lista de procedimentos relacionada à pesquisa realizada. A nossa pesquisa recebeu os resultados observados na Figura 1.5.

Figura 1.5 – Resultado da pesquisa

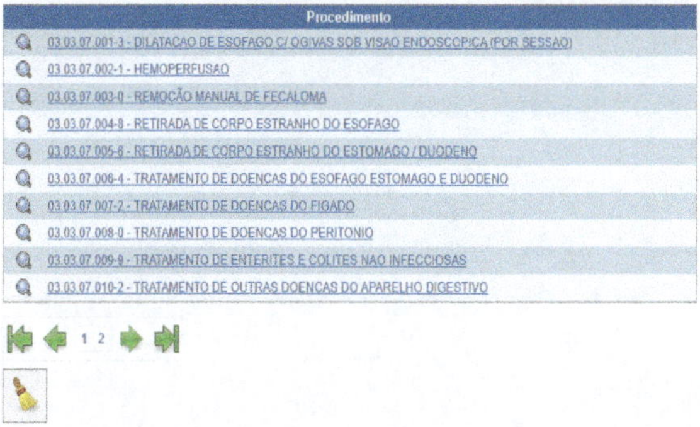

Fonte: DataSus, 2022.

A Figura 1.6 exemplifica a exibição dos dados para o procedimento *retirada de corpo estranho do esôfago.*

Figura 1.6 – Resultado de pesquisa

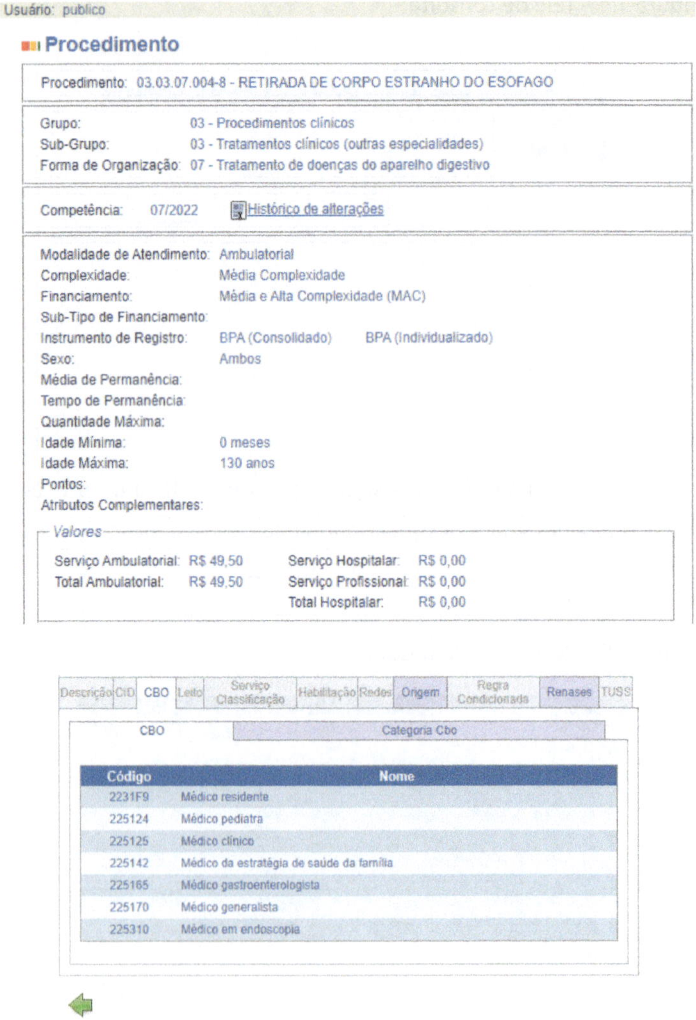

Usuário: publico
Procedimento
Procedimento: 03.03.07.004-8 - RETIRADA DE CORPO ESTRANHO DO ESOFAGO
Grupo: 03 - Procedimentos clínicos
Sub-Grupo: 03 - Tratamentos clínicos (outras especialidades)
Forma de Organização: 07 - Tratamento de doenças do aparelho digestivo
Competência: 07/2022
Histórico de alterações
Modalidade de Atendimento: Ambulatorial
Complexidade: Média Complexidade
Financiamento: Média e Alta Complexidade (MAC)
Sub-Tipo de Financiamento:
Instrumento de Registro: BPA (Consolidado) BPA (Individualizado)
Sexo: Ambos
Média de Permanência:
Tempo de Permanência:
Quantidade Máxima:
Idade Mínima: 0 meses
Idade Máxima: 130 anos
Pontos:
Atributos Complementares:
Valores
Serviço Ambulatorial: R$ 49,50
Total Ambulatorial: R$ 49,50
Serviço Hospitalar: R$ 0,00
Serviço Profissional: R$ 0,00
Total Hospitalar: R$ 0,00
Descrição
CID
CBO
Leito
Serviço Classificação
Habilitação
Redes
Origem
Regra Condicionada
Renases
TUSS
CBO
Categoria Cbo
Código
Nome
2231F9 Médico residente
225124 Médico pediatra
225125 Médico clínico
225142 Médico da estratégia de saúde da família
225165 Médico gastroenterologista
225170 Médico generalista
225310 Médico em endoscopia

Fonte: DataSus, 2022.

Como vemos nas figuras, durante uma pesquisa, é possível visualizar todos os dados relacionados ao evento, sua correlação com o CBO, valor de remuneração e modalidade de atendimento.

1.2.5 Tabela de honorários médicos (THM)

A tabela de honorários médicos (THM) foi criada em 1967 pela Associação Médica Brasileira (AMB). Sua precificação é baseada em coeficiente de honorários médicos (CH) e seus procedimentos são distribuídos na tabela de acordo com cada um deles (AMB, 2017, citada por Maciel; Ferreira; Marin, 2018). O cálculo desses honorários está relacionado na tabela CBHPM, que veremos na Seção 3.2 deste livro.

1.2.6 Classificação Brasileira de Ocupações (CBO)

Aprovada pela Portaria n. 397, de 9 de outubro de 2002 (Brasil, 2002b), do Ministério do Trabalho e Emprego, essa classificação, como o próprio nome sugere, lista as atividades profissionais do mercado de trabalho brasileiro, independentemente de serem regulamentadas.

A fonte mais recomendada de busca sobre a CBO é o *site* do Ministério do Trabalho, cujo *link* de acesso está nas referências finais.

Figura 1.7 – Página inicial da CBO

Fonte: Brasil, 2022.

1.2.7 Classificação Internacional de Doenças (CID)

A tabela de Classificação Internacional de Doenças (CID) foi desenvolvida pela Organização Mundial da Saúde (OMS) em 1893, mas com outro nome. Em 1940, foi reavaliada e assumiu a versão e o nome conhecidos atualmente. No Brasil, ela passou a ser utilizada em 1996.

A CID é uma tabela de uso diário das especialidades médicas e padroniza mundialmente as nomenclaturas de doenças por meio de códigos estabelecidos para sua identificação, sem a necessidade de expor o diagnóstico.

Ela está dividida em 22 capítulos, separados por doenças, e identificada por uma letra do alfabeto. Na Figura 1.8, visualizamos uma das páginas da tabela.

Figura 1.8 – Exemplo da disposição no *site* do DataSus da tabela CID

CID-10 - Lista de Tabulação para Morbidade

Capítulo	Código	Descrição	Códigos da CID-10
I	**001-057**	**Algumas doenças infecciosas e parasitárias**	**A00-B99**
	001	Cólera	A00
	002	Febres tifóide e paratifóide	A01
	003	Shiguelose	A03
	004	Amebíase	A06
	005	Diarréia e gastroenterite de origem infecciosa presumível	A09
	006	Outras doenças infecciosas intestinais	A02, A04-A05, A07-A08
	007	Tuberculose respiratória	A15-A16
	007.1	Tuberculose pulmonar	A15.0-A15.3, A16.0-A16.3
	007.2	Outras tuberculoses respiratórias	A15.4-A15.9, A16.4-A16.9
	008	Outras tuberculoses	A17-A19
	008.1	Tuberculose do sistema nervoso	A17
	008.2	Tuberculose do intestino, do peritônio e dos gânglios mesentéricos	A18.3
	008.3	Tuberculose óssea e das articulações	A18.0
	008.4	Tuberculose do aparelho geniturinário	A18.1
	008.5	Tuberculose miliar	A19
	008.9	Restante de outras tuberculoses	A18.2, A18.4-A18.8
	009	Peste	A20
	010	Brucelose	A23
	011	Hanseníase [lepra]	A30
	012	Tétano neonatal	A33
	013	Outros tétanos	A34-A35
	014	Difteria	A36
	015	Coqueluche	A37
	016	Infecção meningocócica	A39
	017	Septicemia	A40-A41

Fonte: Brasil, 2023.

1.2.8 Tabelas próprias e pacotes

Na Resolução Normativa n. 501, de 30 de março de 2022, a ANS define que as operadoras de planos privados de saúde podem organizar tabelas próprias para eventos, medicamentos e materiais que não estejam elencados na Tabela de Terminologias e Procedimentos e Eventos em Saúde – Tuss (ANS, 2022e).

Após a criação desse código, em tabela própria, a operadora de plano privado, se não obtiver a atualização de imediato na Tuss, deverá solicitar a sua inclusão na ANS (ANS, 2022c). É permitido, ainda, que as operadoras de planos privados elaborem pacotes para cobrança de eventos, materiais, taxas, medicamentos, entre outros itens; entretanto, caso a operadora tome essa decisão, deverá solicitar à ANS a inclusão desse termo na Tuss.

Conforme o art. 12, parágrafo 2º, da Resolução Normativa n. 501/2022 da ANS: "À operadora de planos privados de assistência à saúde é vedado manter vigente, em tabela própria, código para um termo constante na TUSS, findo o prazo de implantação" (ANS, 2022e).

1.3 Tabelas de referência mais frequentes no cotidiano do faturista/gestor

A seguir, trataremos das principais tabelas de referência para o faturamento de contas hospitalares. Embora as tabelas já analisadas até aqui sejam bastante relevantes, as abordadas a seguir fazem parte do cotidiano do faturista e do gestor hospitalar com mais frequência.

1.3.1 Terminologia unificada da saúde suplementar (Tuss)

A Tuss foi estabelecida como referência pela ANS por meio da Resolução Normativa n. 305, de 9 de outubro de 2012 (ANS, 2012), atualizada pela Resolução Normativa n. 501/2022 (ANS, 2022e), que determina o padrão obrigatório para a troca de informações na saúde suplementar entre as operadoras de planos privados de assistência à saúde e prestadores de serviços da área.

Antes da publicação desses normativos, cada operadora ou prestador utilizava códigos diferentes para o mesmo evento; por isso, por meio da Instrução Normativa n. 34, de 13 de fevereiro de 2009 (ANS, 2009), antes mesmo da publicação do padrão de troca de informações, a ANS criou a tabela que unifica os eventos e códigos, como uma linguagem única nesse meio.

Vários órgãos são responsáveis pela sua manutenção, entre os quais podemos citar os ligados à medicina, à odontologia, à enfermagem e aos medicamentos, além de a materiais, órteses, próteses e materiais especiais (ANS, 2009).

A tabela Tuss é integrante do Componente de Representação de Conceitos em Saúde (Tuss), que pode ser consultado no *site* oficial da ANS (Tabela 1.1).

Tabela 1.1 – Componente de representação de conceitos em saúde

ANS Agência Nacional de Saúde Suplementar

Tabela 22 - Terminologia de procedimentos e eventos em saúde

Código do Termo	Termo	Descrição Detalhada	Data de início de vigência	Data de fim de vigência	Data de fim de implantação
10101012	Consulta em consultório (no horário normal ou preestabelecido)		13/02/2009		15/10/2010
10101020	Consulta em domicílio		13/02/2009		15/10/2010
10101039	Consulta em pronto socorro		13/02/2009		15/10/2010
10102019	Visita hospitalar (paciente internado)		13/02/2009		15/10/2010
10103015	Atendimento ao recém-nascido em berçário		13/02/2009		15/10/2010
10103023	Atendimento ao recém-nascido em sala de parto (parto normal ou operatório de baixo risco)		13/02/2009		15/10/2010
10103031	Atendimento ao recém-nascido em sala de parto (parto normal ou operatório de alto risco)		13/02/2009		15/10/2010
10104011	Atendimento do intensivista diarista (por dia e por paciente)		13/02/2009		15/10/2010
10104020	Atendimento médico do intensivista em UTI geral ou pediátrica (plantão de 12 horas - por paciente)		13/02/2009		15/10/2010
10105034	Transporte extra-hospitalar terrestre de pacientes graves, 1ª hora - a partir do deslocamento do médico - acompanhamento médico		13/02/2009		15/10/2010
10105042	Transporte extra-hospitalar terrestre de pacientes graves, por hora adicional - até o retorno do médico à base - acompanhamento médico		13/02/2009		15/10/2010
10105050	Transporte extra-hospitalar aéreo ou aquático de pacientes graves, 1ª hora - a partir do deslocamento do médico - acompanhamento médico		13/02/2009		15/10/2010
10105069	Transporte extra-hospitalar aéreo ou aquático de pacientes graves, por hora adicional - acompanhamento médico		13/02/2009		15/10/2010
10105077	Acompanhamento médico para transporte intra-hospitalar de pacientes graves, com ventilação assistida, da UTI para o centro de diagnósitco		13/02/2009		15/10/2010
10106014	Aconselhamento genético		13/02/2009		15/10/2010
10106030	Atendimento ao familiar do adolescente		13/02/2009		15/10/2010
10106049	Atendimento pediátrico a gestantes (3º trimestre)		13/02/2009		15/10/2010
10106065	Exame de aptidão física e mental, ou em portadores de mobilidade reduzida, para fins de inscrição ou renovação da CNH (Carteira Nacional de Habilitação)		13/02/2009		15/10/2010
10106073	Junta Médica (três ou mais profissionais) - destina-se ao esclarecimento diagnóstico ou decisão de conduta em caso de difícil solução - por profissional		13/02/2009		15/10/2010
10106090	Junta Médica - pagamento de honorários médicos referente a 3ª opinião, conforme resolução Consu nº 8		13/02/2009		15/10/2010
10106103	Perícia médica		13/02/2009		15/10/2010
10106111	Exame de aptidão física e mental para concessão de benefícios fiscais conferidos pelas Secretaria da Receita Federal e da Fazenda Estadual, a quem fazem jus portadores de mobilidade reduzida, com necessidade de adaptação veicular		09/09/2010		15/10/2010
10106120	Exame de aptidão física e mental para ratificação, quando a condição física e mental assim o requerer, dos exames realizados pelo órgão previdenciário, incluindo restrição ou liberação para a condução de veículo automotor		09/09/2010		15/10/2010
10106138	Prova de direção veicular em banca especial - Avaliação Clínica durante a prova de direção veicular procedida por dois médicos simultaneamente		09/09/2010		15/10/2010
10106146	Atendimento ambulatorial em puericultura		09/09/2010		15/10/2010
20101015	Acompanhamento clínico ambulatorial pós-transplante renal - por avaliação		13/02/2009		15/10/2010

Fonte: ANS, 2022b.

Para o faturista, a consulta frequente a essa tabela é importante porque a ANS determina quais códigos devem ser empregados para os procedimentos a serem realizados pelos beneficiários. Além disso, ela institui a vigência do código, que pode sofrer ajustes a qualquer momento. Dessa forma, é possível evitar erros no faturamento e garantir o pagamento do procedimento à instituição de saúde.

1.3.2 Classificação Brasileira Hierarquizada de Procedimentos Médicos (CBHPM)

A criação da Classificação Brasileira Hierarquizada de Procedimentos Médicos (CBHPM) decorreu da necessidade de os médicos recuperarem a valorização de seu trabalho no sistema de saúde suplementar. Editada pela primeira vez em 2003, ela é resultado da união de entidades médicas nacionais, como a AMB, o Conselho Federal de Medicina (CFM) e a Federação Nacional dos Médicos (Fenam) (AMB, 2012).

Em linhas gerais, a CBHPM é a tabela-base para a cobrança de honorários dos profissionais médicos. Dado o reconhecimento desse trabalho, a ANS aproveita essa tabela como referência para a Tuss.

A tabela CBHPM trabalha com valores definidos por portes, ou seja, agrupamentos pelos quais os procedimentos são divididos. A classificação dos portes é feita em três subdivisões, de acordo com a complexidade, pelas letras A, B e C, e a numeração do 1 ao 14.

Na Tabela 1.2, ilustramos um modelo tal como demonstrado na tabela CBHPM, que tem por objetivo nortear o faturista no cálculo do valor do atendimento.

Tabela 1.2 – Cálculo de valor de procedimento (CBHPM)

COMUNICADO OFICIAL CBHPM

Em resposta às consultas advindas de inúmeros associados da nossa entidade, a respeito da defasagem que a inflação acarretou aos custos dos serviços médicos, a Associação Médica Brasileira encaminhou o assunto à Comissão de Economia Médica para que fosse realizada uma análise autônoma da questão, no período de outubro/2019-setembro/2020.

Serve o presente para comunicar que aquela Comissão concluiu pela adoção do INPC/IBGE do período, que corresponde ao índice de 3,89% associados aos devidos ajustes para a correção da curva de ascensão (faixa 5) dos valores referenciais dos serviços médicos, resultando em **diferentes percentuais de** reajustes nos Portes de Procedimentos .

Diante disso, tal percentual de reajuste pode ser adotado como referencial, a partir de outubro de 2020, para a CBHPM em vigência.

Quanto a unidade de Custo Operacional fica estabelecida 1 UCO = R$ 21,89.

São Paulo, 18 de outubro de 2020.

1A	R$	24,37	5C	R$	1.500,63	10B	R$	3.358,00
1B	R$	67,32	6A	R$	1.633,30	10C	R$	3.490,67
1C	R$	96,43	6B	R$	1.765,97	11A	R$	3.623,34
2A	R$	142,90	6C	R$	1.898,64	11B	R$	3.756,00
2B	R$	224,90	7A	R$	2.031,31	11C	R$	3.888,67
2C	R$	306,61	7B	R$	2.163,98	12A	R$	4.021,34
3A	R$	439,28	7C	R$	2.296,65	12B	R$	4.154,01
3B	R$	571,95	8A	R$	2.429,32	12C	R$	4.286,68
3C	R$	704,62	8B	R$	2.561,98	13A	R$	4.419,35
4A	R$	837,29	8C	R$	2.694,65	13B	R$	4.552,02
4B	R$	969,96	9A	R$	2.827,32	13C	R$	4.684,69
4C	R$	1.102,63	9B	R$	2.959,99	14A	R$	4.817,36
5A	R$	1.235,29	9C	R$	3.092,66	14B	R$	4.950,03
5B	R$	1.367,96	10A	R$	3.225,33	14C	R$	5.082,69

UCO = R$ 21,89

Fonte: SBP, 2020.

Existe uma orientação para os cálculos, porém, de forma simples, para facilitar a compreensão, a Tabela 1.3 representa uma consulta de codificação 1.01.01.01-2, em consultório (no horário normal ou preestabelecido), classificada como porte 2B. Conforme a Tabela 1.2, o valor praticado é de R$ 224,90.

Tabela 1.3 – Exemplo de procedimento da tabela CBHPM

PROCEDIMENTOS GERAIS

CONSULTAS **1.01.00.00-8**

Código	Procedimentos	Porte
CONSULTAS (1.01.01.00-4)		
1.01.01.01-2	Em consultório (no horário normal ou preestabelecido)	2B
1.01.01.02-0	Em domicílio	3A
1.01.01.03-9	Em pronto socorro	2B

Fonte: AMB, 2012, p. 22.

1.3.3 Rol de procedimentos e eventos em saúde

O art. 1° da Resolução Normativa n. 465, de 24 de fevereiro de 2021, apresenta a seguinte definição sobre o rol de procedimentos e eventos em saúde: "estabelece a cobertura assistencial obrigatória a ser garantida nos planos privados de assistência à saúde" (ANS, 2021d).

Trata-se de um catálogo atualizado periodicamente, por meio de resoluções normativas da ANS. Consta da normativa, além da cobertura mínima obrigatória, as diretrizes de utilização (DUT). As DUT definem os critérios a serem observados para que alguns procedimentos e eventos sejam cobertos pelos planos de saúde privados; apresentam, ainda, as diretrizes clínicas (DC) e protocolos de utilização (Prout), que são auxiliares na definição da prática clínica, conforme a Resolução Normativa n. 465/2021 (ANS, 2021d).

O rol de procedimentos e eventos em saúde é disponibilizado pela ANS no Anexo I das resoluções normativas que o atualizam. Para o exemplo do Quadro 1.2, foi utilizado o Anexo I – Rol de Procedimentos da Resolução Normativa n. 465/2021.

Quadro 1.2 – Rol de procedimentos e eventos da ANS

Rol de Procedimentos e Eventos em Saúde - 2021

(RN 465/2021)

PROCEDIMENTO - ROL 2021	SUBGRUPO - ROL 2021	GRUPO - ROL 2021	CAPÍTULO - ROL 2021	OD	AMB	HCO	HSO	REF	PAC	DUT
ACONSELHAMENTO GENÉTICO	CONSULTAS, VISITAS HOSPITALARES OU ACOMPANHAMENTO DE PACIENTES	PROCEDIMENTOS GERAIS	PROCEDIMENTOS GERAIS		AMB	HCO	HSO	REF		
ATENDIMENTO/ACOMPANHAMENTO EM HOSPITAL-DIA PSIQUIÁTRICO (COM DIRETRIZ DE UTILIZAÇÃO)	CONSULTAS, VISITAS HOSPITALARES OU ACOMPANHAMENTO DE PACIENTES	PROCEDIMENTOS GERAIS	PROCEDIMENTOS GERAIS			HCO	HSO	REF		DUT Nº 109
ATENDIMENTO INTEGRAL AO RECÉM-NASCIDO (SALA DE PARTO, BERÇÁRIO E UTI)	CONSULTAS, VISITAS HOSPITALARES OU ACOMPANHAMENTO DE PACIENTES	PROCEDIMENTOS GERAIS	PROCEDIMENTOS GERAIS			HCO		REF		
ATENDIMENTO MÉDICO DO INTENSIVISTA EM UTI GERAL OU PEDIÁTRICA	CONSULTAS, VISITAS HOSPITALARES OU ACOMPANHAMENTO DE PACIENTES	PROCEDIMENTOS GERAIS	PROCEDIMENTOS GERAIS			HCO	HSO	REF		
ATENDIMENTO PEDIÁTRICO A GESTANTES (3º TRIMESTRE)	CONSULTAS, VISITAS HOSPITALARES OU ACOMPANHAMENTO DE PACIENTES	PROCEDIMENTOS GERAIS	PROCEDIMENTOS GERAIS		AMB	HCO		REF		
ATIVIDADE EDUCACIONAL PARA PLANEJAMENTO FAMILIAR	CONSULTAS, VISITAS HOSPITALARES OU ACOMPANHAMENTO DE PACIENTES	PROCEDIMENTOS GERAIS	PROCEDIMENTOS GERAIS		AMB			REF		
ATIVIDADE EDUCATIVA EM SAÚDE BUCAL	CONSULTAS, VISITAS HOSPITALARES OU ACOMPANHAMENTO DE PACIENTES	PROCEDIMENTOS GERAIS	PROCEDIMENTOS GERAIS	OD						
ATIVIDADE EDUCATIVA EM ODONTOLOGIA PARA PAIS E/OU CUIDADORES DE PACIENTES COM NECESSIDADES ESPECIAIS	CONSULTAS, VISITAS HOSPITALARES OU ACOMPANHAMENTO DE PACIENTES	PROCEDIMENTOS GERAIS	PROCEDIMENTOS GERAIS	OD						
CONDICIONAMENTO EM ODONTOLOGIA (COM DIRETRIZ DE UTILIZAÇÃO)	CONSULTAS, VISITAS HOSPITALARES OU ACOMPANHAMENTO DE PACIENTES	PROCEDIMENTOS GERAIS	PROCEDIMENTOS GERAIS	OD						DUT Nº 86
ESTABILIZAÇÃO DE PACIENTE POR MEIO DE CONTENÇÃO FÍSICA E/OU MECÂNICA	CONSULTAS, VISITAS HOSPITALARES OU ACOMPANHAMENTO DE PACIENTES	PROCEDIMENTOS GERAIS	PROCEDIMENTOS GERAIS	OD						
CONSULTA DE ACONSELHAMENTO PARA PLANEJAMENTO FAMILIAR	CONSULTAS, VISITAS HOSPITALARES OU ACOMPANHAMENTO DE PACIENTES	PROCEDIMENTOS GERAIS	PROCEDIMENTOS GERAIS		AMB			REF		
CONSULTA COM ENFERMEIRO OBSTETRA OU OBSTETRIZ (COM DIRETRIZ DE UTILIZAÇÃO)	CONSULTAS, VISITAS HOSPITALARES OU ACOMPANHAMENTO DE PACIENTES	PROCEDIMENTOS GERAIS	PROCEDIMENTOS GERAIS		AMB	HCO		REF		DUT Nº 135
CONSULTA COM FISIOTERAPEUTA (COM DIRETRIZ DE UTILIZAÇÃO)	CONSULTAS, VISITAS HOSPITALARES OU ACOMPANHAMENTO DE PACIENTES	PROCEDIMENTOS GERAIS	PROCEDIMENTOS GERAIS		AMB			REF		DUT Nº 102
CONSULTA MÉDICA	CONSULTAS, VISITAS HOSPITALARES OU ACOMPANHAMENTO DE PACIENTES	PROCEDIMENTOS GERAIS	PROCEDIMENTOS GERAIS		AMB			REF		
CONSULTA ODONTOLÓGICA	CONSULTAS, VISITAS HOSPITALARES OU ACOMPANHAMENTO DE PACIENTES	PROCEDIMENTOS GERAIS	PROCEDIMENTOS GERAIS	OD						
CONSULTA ODONTOLÓGICA INICIAL	CONSULTAS, VISITAS HOSPITALARES OU ACOMPANHAMENTO DE PACIENTES	PROCEDIMENTOS GERAIS	PROCEDIMENTOS GERAIS	OD						
CONSULTA ODONTOLÓGICA DE URGÊNCIA	CONSULTAS, VISITAS HOSPITALARES OU ACOMPANHAMENTO DE PACIENTES	PROCEDIMENTOS GERAIS	PROCEDIMENTOS GERAIS	OD						
CONSULTA ODONTOLÓGICA PARA AVALIAÇÃO TÉCNICA DE AUDITORIA	CONSULTAS, VISITAS HOSPITALARES OU ACOMPANHAMENTO DE PACIENTES	PROCEDIMENTOS GERAIS	PROCEDIMENTOS GERAIS	OD						
CONSULTA/AVALIAÇÃO COM PSICÓLOGO (COM DIRETRIZ DE UTILIZAÇÃO)	CONSULTAS, VISITAS HOSPITALARES OU ACOMPANHAMENTO DE PACIENTES	PROCEDIMENTOS GERAIS	PROCEDIMENTOS GERAIS		AMB			REF		DUT Nº 137
SESSÃO COM PSICÓLOGO (COM DIRETRIZ DE UTILIZAÇÃO)	CONSULTAS, VISITAS HOSPITALARES OU ACOMPANHAMENTO DE PACIENTES	PROCEDIMENTOS GERAIS	PROCEDIMENTOS GERAIS		AMB			REF		DUT Nº 105

Fonte: ANS, 2021d, p. 2.

1.4 Padrão de troca de informações na saúde suplementar (Tiss)

Diante das exigências de um contexto globalizado e de avanço das tecnologias digitais, a Tiss foi elaborada pela ANS para padronizar a troca de informações na cadeia de saúde suplementar, de modo a viabilizar a comunicação uniforme entre prestadores de eventos em saúde, operadoras de saúde suplementar e a própria ANS.

Antes dessa regulamentação, cada segmento de saúde utilizava seu modelo próprio (de codificação de eventos e formas de cobrança), o que dificultava sobremaneira a obtenção de qualquer tipo de informação para subsidiar práticas em saúde ou de dados clínicos da população da saúde suplementar. Nas trocas de informações, os dados se perdiam, impossibilitando sua coleta.

O padrão Tiss consiste em um guia/manual de práticas que devem ser adotadas para que se possa estabelecer um padrão nas rotinas administrativas da área de saúde. Os dados contidos nas informações que são transitadas possibilitam que a ANS faça o acompanhamento financeiro e assistencial das operadoras de saúde por meio dos valores e da descrição dos eventos enviados em cada competência.

> A Troca de Informações na Saúde Suplementar – TISS foi estabelecida como um padrão obrigatório para as trocas eletrônicas de dados de atenção à saúde dos beneficiários de planos, entre agentes da Saúde Suplementar. O objetivo é padronizar as ações administrativas, subsidiar as ações de avaliação e acompanhamento econômico, financeiro e assistencial das operadoras de planos privados de assistência à saúde e compor o Registro Eletrônico de Saúde. O padrão TISS tem por diretriz a interoperabilidade entre os sistemas de informação em saúde

preconizados pela Agência Nacional de Saúde Suplementar e pelo Ministério da Saúde, e, ainda, a redução da assimetria de informações para os beneficiários de planos privados de assistência à saúde. (ANS, 2023)

Após a publicação da Resolução Normativa n. 305/2012 (revogada pela Resolução Normativa n. 501/2022), essa prática passou a ser obrigatória. Desde então, as operadoras de saúde suplementar têm a incumbência de regularizar e enviar para a ANS, mensalmente, todos os dados referentes aos serviços prestados a seus beneficiários pelos prestadores de saúde. As normas estabelecidas pelo padrão Tiss conduzem todo o processo de transmissão desses dados da seguinte forma:

- Entre operadoras de planos privados e prestadores de serviços em saúde.
- Entre prestadores de serviços em saúde e operadoras de planos privados.
- Entre operadoras de planos privados e a ANS.
- Entre operadoras de planos privados e seus beneficiários.

O padrão Tiss é dividido em cinco componentes que compreendem os termos utilizados como referência, quanto ao que determina a Resolução Normativa n. 501/2022 (ANS, 2022e):

1. **Organizacional**: Determina as regras operacionais do padrão Tiss. Nesse documento, que detalha o conteúdo do componente organizacional, é possível encontrar informações como versão vigente e data de atualização, definição para utilização do plano de contingência (sobre o qual falaremos na próxima seção) e exposição dos motivos das atualizações das versões.

2. **Conteúdo e estrutura**: Indica como devem estar estruturadas as informações para a troca eletrônica entre os públicos (operadoras de planos privados, prestadores de serviços em saúde, ANS e beneficiários), além de apontar os dados que devem ser coletados nos formulários do plano de contingência.
3. **Representação de conceitos em saúde**: Elenca todas as informações de tabelas e termos que devem, obrigatoriamente, ser utilizados pelas operadoras de planos de saúde.
4. **Segurança e privacidade**: Compreende os requisitos de segurança e de privacidade de dados, utilizando-os como fonte de informação para estabelecer os critérios em função da legislação vigente no país.
5. **Comunicação**: Demonstra a estrutura, tanto para as operadoras de planos de saúde quanto para os prestadores de serviços em saúde, do compartilhamento de dados no formato eletrônico.

Como vimos, por meio do padrão Tiss, é possível implementar a organização necessária para o atendimento das demandas administrativas dos prestadores de serviços em saúde e operadoras de planos privados de assistência à saúde. Além de evitar fraudes, as guias Tiss fornecem informações utilizadas na composição do registro eletrônico de saúde, ligado à ANS e ao Ministério da Saúde.

1.4.1 Plano de contingência

O plano de contingência, informado na descrição dos componentes do padrão Tiss organizacional e de conteúdo e estrutura, estabelece as regras e os formulários que devem ser utilizados para dar continuidade à prestação dos serviços em caso de não funcionamento do envio das informações eletrônicas.

De acordo com o parágrafo único do art. 9º da Resolução Normativa n. 501/2022, "O Plano de Contingência é o conjunto de regras e formulários estabelecidos para dar continuidade ao processo de trabalho na interrupção temporária das trocas eletrônicas" (ANS, 2022e).

Em continuidade, o art. 18 considera que: "Na ocorrência de interrupção do serviço de troca eletrônica dos dados de atenção à saúde, os agentes definidos nos incisos I e II do art. 4º deverão utilizar o estabelecido no Plano de Contingência do Padrão TISS" (ANS, 2022e). Nesse caso, os agentes definidos nos incisos I e II são, respectivamente, operadora de planos privados de assistência à saúde e prestador de serviços de saúde.

O *Componente de Conteúdo Organizacional* do Padrão Tiss, na página 79, cita o plano de contingência no item 154: "Os formulários utilizados por ocasião da interrupção da troca eletrônica de informações devem ser fornecidos pelas operadoras de planos privados de saúde" (ANS, 2022c). Ainda, "A mensagem Lote de Guias (cobrança de serviços de saúde) tem as seguintes guias padronizadas no plano de contingência: Consulta; SP/SADT; Resumo de Internação; Honorários; Tratamento Odontológico; Anexo de Situação Inicial de Odontologia; e Outras Despesas" (ANS, 2022c).

Com a adoção do plano de contingência, a ANS busca a junção entre a redução de prejuízos e o atendimento do beneficiário de plano de saúde.

1.4.2 Dados compartilhados no padrão Tiss

O padrão Tiss estabelece como deve ocorrer o processo de organização e disposição dos dados , conforme a descrição no *Componente de Conteúdo e Estrutura*. Citaremos, de forma abreviada, alguns desses itens, para a compreensão do leitor:

- **Caráter do atendimento**: Indica se o atendimento prestado é urgência/emergência ou eletivo.
- **Tipo de acomodação**: Utilizado prioritariamente em guias de internamento, pode ser apartamento ou enfermaria, e deve ser informado o tipo de acomodação contratado pelo beneficiário, disponível em sua carteirinha do plano (física ou eletrônica).
- **Código da despesa**: É o campo que informa do que se trata a cobrança. Por exemplo, medicamentos, materiais, diárias etc.
- **Terminologia do conselho profissional**: Deve ser informado o código relativo ao conselho da profissão do profissional que prestou o atendimento ao beneficiário.
- **Grau de participação**: Indica os participantes de um evento, como cirurgião, primeiro auxiliar, segundo auxiliar, anestesista, perfusionista etc.
- **Regime de internação**: Característico de guias de internamento, sua finalidade é informar se o regime é hospitalar, hospital-dia ou domiciliar.
- **Tipo de atendimento**: Padrão das principais guias Tiss, determina a finalidade do atendimento, ou seja, consulta, pequena cirurgia, exame ambulatorial, internação, quimioterapia, pronto atendimento etc.
- **Tipo de consulta**: Característico em guias de consulta, determina se é primeira consulta, retorno, pré-natal ou encaminhamento.
- **Tipo de guia**: Determina o tipo do atendimento e do que se trata a cobrança, se é consulta, SP/SADT, resumo de internação, tratamento odontológico ou honorários.
- **Diárias e taxas**: Determina as codificações e os termos que devem ser utilizados nas guias para a informação e a cobrança de diárias e taxas dos eventos.

- **Medicamentos**: Trata-se da relação de códigos dos medicamentos utilizados em eventos/procedimentos, exames e internações.
- **Procedimentos e eventos em saúde**: É a conhecida Tabela Tuss, item no qual a ANS correlaciona os eventos do rol de procedimentos (cobertura mínima obrigatória pelos planos de saúde) e os códigos que devem ser informados nas guias e na troca eletrônica das informações.
- **Forma do envio padrão**: Descrição e/ou identificação da forma do envio das informações (via portal, *upload* de arquivo, *webservice* ou papel).

O Padrão Tiss apresenta as terminologias e os códigos que estão vinculados à ANS e devem ser informados na troca eletrônica das informações de saúde; é possível acompanhar na íntegra, por meio do item *Componente de Representação e Conceitos em Saúde*.

1.4.3 Comitê de Padronização das Informações em Saúde Suplementar (Copiss)

Coordenado pela Diretoria de Desenvolvimento Setorial da ANS, o Comitê de Padronização das Informações em Saúde Suplementar (Copiss) avalia o aperfeiçoamento do padrão Tiss.

O comitê recebe e analisa as solicitações de inclusão ou alteração de dados no padrão Tiss enviadas pelas entidades de prestadores de saúde e operadoras de planos privados.

Após a apresentação das demandas, o processo é enviado para análise do grupo técnico e, posteriormente, devolvido para discussão em diretoria colegiada; se aprovado, são feitas as adequações necessárias.

1.4.4 Quem deve adotar o padrão Tiss?

O padrão Tiss deve ser adotado por todas as operadoras de planos privados de saúde. Apenas as operadoras classificadas como administradoras de planos estão isentas da utilização desse padrão.

Além das operadoras, as seguintes instituições prestadoras de serviços em saúde devem aplicar esse padrão:

- Hospitais gerais, especializados, hospital-dia, prontos-socorros especializados e prontos-socorros gerais.
- Clínicas de especialidades e ambulatoriais (incluindo as clínicas odontológicas), de diagnose e terapia (SADT) e policlínicas.
- Consultórios médicos, odontológicos e profissionais de saúde ou pessoas jurídicas que prestam serviços em consultórios.

1.5 Capitalização e amortização

Segundo Dante (2000), citado por Azeredo Filho (2013), atualmente, precisamos de pessoas ativas e participantes, que deverão tomar decisões rápidas e, tanto quanto possível, precisas e acertadas. Assim, é necessário formar cidadãos matematicamente alfabetizados, que saibam resolver, de modo inteligente, seus problemas de comércio, administração, engenharia, medicina, matemática financeira, entre outros da vida diária. Por isso, a resolução de problemas passa a ser parte substancial do currículo; é fundamental que o profissional desenvolva a capacidade de enfrentar diferentes situações.

Para o profissional faturista, que trabalha diretamente com tabelas de valores, o conhecimento amplo sobre a área financeira não é fundamental, até por ela ter a característica de ser bastante complexa. Porém, para aprimorar o desenvolvimento do trabalho, conhecimentos básicos sobre o tema fazem a diferença. Vamos tratar, aqui, de forma breve, sobre dois deles.

Vieira Sobrinho (citado por Azeredo Filho, 2013) explica que a capitalização simples consiste em uma taxa de juros que incide, apenas, sobre o capital inicial, e não sobre os juros acumulados. No regime de capitalização, a taxa varia linearmente, em função do tempo. Para converter uma taxa diária em mensal, basta multiplicar o valor da taxa diária por 30. Já para descobrir o valor da taxa anual, com o valor da taxa mensal, basta multiplicar por 12, e assim por diante (Azeredo Filho, 2013).

A capitalização composta, por sua vez, é o valor da taxa de juros incidindo sempre sobre o capital inicial, acrescido de juros acumulados até o período anterior. Para esse regime de capitalização, a taxa varia exponencialmente, em função do tempo; para calculá-la, utilizamos alguns símbolos: *M* para montante, *C* para capital, *n* para o prazo, *i* para a taxa (Azeredo Filho, 2013).

Para melhor compreensão, Vieira Sobrinho, citado por Azeredo Filho (2013, p. 11), apresenta, ainda, algumas definições pertinentes ao tema:

- Capital: Entende-se por capital, sob o ponto de vista da matemática financeira, qualquer valor expresso em moeda, disponível em determinada época.
- Taxa de Juros: É a razão entre os juros recebidos ou pagos no fim de um período de tempo e o capital inicialmente empregado. A taxa está sempre relacionada com a unidade de tempo (dia, mês, trimestre, semestre, ano, entre outros).
- Capitalização simples: É aquela em que a taxa de juros que incide somente sobre o capital; não incide, pois, sobre o juros acumulado.

- Capitalização composta: 'É aquela em que a taxa de juros que incide sempre sobre o capital inicial, acrescido de juros acumulados até o período anterior. Neste regime de capitalização, a taxa varia exponencialmente em função do tempo.
- Montante: Também chamado de valor futuro, é igual à soma do capital mais os juros referentes ao período de aplicação.

Vieira Sobrinho, citado por Azeredo Filho (20013, p. 15), explica que, independentemente de a capitalização ser simples ou composta, haverá três tipos principais de taxas:

- Taxa Nominal: a taxa nominal é quando o período de formação e incorporação dos juros ao Capital não coincide com aquele a que a taxa está referida. Exemplo: 120% ao ano com capitalização mensal.
- Taxa Efetiva: a taxa efetiva é quando o período de formação e incorporação dos juros ao capital não coincide com aquele a que a taxa está referida. Exemplo: 12% ao mês com capitalização mensal.
- Taxa Real: taxa real é a taxa corrigida pela taxa inflacionária do período da operação.

Sá (2005, p. 121) define amortização como "um processo de extinção de uma dívida através de pagamentos periódicos que são realizados em função de um planejamento, de modo que cada prestação corresponde à soma de uma parcela de amortização da dívida, com a parcela de juros".

Iezzi e Hazzan (2004, p. 68), por sua vez, explicam que amortização é uma "sequência uniforme de pagamentos", ilustrando com o seguinte exemplo: consideremos um valor financiado V que deve ser pago em prestações iguais, de valor R, nas datas 1, 2, 3..., n, supondo que a taxa de juros cobrada no financiamento seja por um período de tempo. Chamamos esse conjunto de *sequência uniforme de pagamentos*.

Há diferentes sistemas de amortização, e Sá (2005) apresenta os seguintes como principais:

- **Sistema de pagamentos variáveis**: O devedor paga valores variáveis, periodicamente e de acordo com sua condição, e os juros do saldo devedor são sempre pagos ao final de cada período. Comumente aplicado em cartões de crédito.
- **Sistema de pagamento único**: O devedor paga um montante igual ao capital (dívida) mais o juro composto da dívida, em um único pagamento ao final do período. Usualmente, é aplicado em letras de câmbio, títulos descontados em bancos certificados, com prazo fixo e renda final.
- **Sistema de amortização constante (SAC)**: Todas as parcelas de amortização são iguais, pagas ao longo do período. No decorrer do financiamento, o saldo devedor é amortizado percentualmente. O percentual de amortização é sempre o mesmo, o que faz com que as parcelas sejam maiores no início do financiamento e o saldo devedor diminua mais rapidamente do que nos demais sistemas. Via de regra, é utilizado nos financiamentos imobiliários.
- **Sistema americano**: O devedor quita o montante principal em um único pagamento, ao final do prazo estipulado. No final de cada período, ressarce os juros do saldo devedor do período. Se comparado a outros, esse sistema é o que mais cobra juros ao devedor.
- **Sistema Price (francês)**: Apresenta valores iguais todos os meses, desde o início do empréstimo ou financiamento. Comumente, é aplicado em financiamentos de bens de consumo, como eletrodomésticos, móveis, automóveis etc.

O conhecimento do faturista e do gestor hospitalar com relação à capitalização possibilitará uma visão sobre pagamentos de prestadores de saúde quanto à possibilidade cobrança de juros quando houver atraso no pagamento. O gestor hospitalar, em especial, terá uma visão sobre os sistemas de amortização que lhe proporcionará uma visão sobre formas de financiar equipamentos à instituição.

Para saber mais

SOUZA, J. A. de; SOWINSK, L. E. C.; MARCOVICZ, G. de V. Desafios relacionados em manter a acreditação com certificação ONA em instituições hospitalares, segundo a percepção dos enfermeiros. **Journal of Health**, v. 1, n. 28, p. 1-10, jul./dez. 2022. Disponível em: <https://www.phantomstudio.com.br/index.php/JournalofHealth/article/view/2283>. Acesso em: 11 jan. 2023.

Esse artigo discute por que a certificação é uma das ferramentas utilizadas para impulsionar a marca da empresa e como oferece a segurança ao público geral de que, tendo-se acreditação, os propósitos são cumpridos conforme a excelência exigida em determinados níveis.

Síntese

Neste capítulo, tratamos da demanda por qualidade na gestão operacional e na assistencial. Dessa necessidade decorre a importância da certificação e da acreditação. Para facilitar o trabalho do gestor, apresentamos várias tabelas de referência para o faturamento das contas médicas – Simpro, Brasíndice, LPM, Tabela de Procedimentos do SUS, THM, CBO, CID e as tabelas próprias e pacotes. Essas tabelas têm como objetivo organizar preços de medicamentos, honorários médicos e de suas equipes, transmissão de dados, entre outros aspectos pertinentes à rotina de uma instituição de saúde.

Abordamos, também, as principais tabelas de referência para o faturamento das contas hospitalares, como Tuss, CBHPM e o rol de procedimentos e eventos em saúde. Na sequência, detalhamos o padrão Tiss, seus componentes e a forma pela qual conduz o processo de transmissão de dados.

Por fim, para um melhor entendimento de questões financeiras, examinamos os conceitos fundamentais de capitalização e amortização.

Questões para revisão

1. Assinale a alternativa que indica a missão essencial das instituições hospitalares, de acordo com o *Manual Brasileiro de Acreditação Hospitalar*:
   a) Atendimento gentil.
   b) Atendimento suficientemente adequado de pacientes.
   c) Obtenção de indicadores de sucesso.
   d) Boa qualidade.
   e) Registro de reclamações.

2. Descreva resumidamente o que você compreendeu da Norma ISO.

3. Os principais sistemas de amortização formam uma sequência uniforme de pagamentos. São sistemas de amortização (pagamentos):
   a) Sistema Price.
   b) Sistema de pagamento variável.
   c) Sistema de amortização constante.
   d) Sistema de pagamento único.
   e) Todas as alternativas anteriore estão corretas..

4. De acordo com o *Manual Brasileiro de Acreditação Hospitalar*, "a missão essencial das instituições hospitalares é atender a seus pacientes da forma mais adequada" (Brasil, 2002a). Do que uma organização precisa para cumprir esse requisito?

5. Dentre as tabelas de referência para o faturamento apresentadas neste capítulo, as três consideradas principais são:
   a) Price, SAC, amortização.
   b) Tuss, SAC, Tiss.
   c) ANS, Tuss, CBHPM.
   d) Tuss, CBHPM, Rol de procedimentos e eventos em saúde.
   e) Capital e juros.

Questão para reflexão

1. Qual é a importância dos padrões para a execução de tarefas em uma instituição de saúde? Cite alguns de seus impactos.

Capítulo 2

Conhecendo o faturamento

Conteúdos do capítulo:

- Conceito e objetivos do faturamento hospitalar.
- Características da função de faturista.

Após o estudo deste capítulo, você será capaz de:

1. compreender os conceitos de faturamento relacionados à atitude profissional de cobrança e à emissão de fatura detalhada;
2. reconhecer a importância das ações do setor de faturamento na receita dos hospitais, assim como da interligação entre os diversos setores das instituições de saúde;
3. detalhar o perfil do profissional faturista.

2.1 Conceito de faturamento hospitalar

Segundo Balzan (2000), faturamento é o departamento encarregado de registrar todas as cobranças impostas aos pacientes e aos diversos compradores de serviços para cobrança financeira, responsáveis por diárias e custos de internação, materiais e medicamentos utilizados. No faturamento, são especificados quantidades e valores em termos monetários, de acordo com várias tabelas acordadas, despesas médicas, uso de hemoderivados, órteses, próteses, serviços etc.

Sandroni (2001) define o processo de faturamento como um conjunto de receitas, expressas em unidades monetárias e obtidas por uma empresa, com a venda de bens e serviços durante determinado período. Quando se trata das contas hospitalares, define-se como o fornecimento de bens e serviços (insumos, conhecimento e tecnologia) para tratar e cuidar da saúde humana.

Como a rentabilidade de uma unidade hospitalar está atrelada à qualidade do atendimento que presta, o faturamento reflete a receita apurada pela venda de seus produtos. Conforme Sandroni (2001), a rentabilidade é o retorno financeiro proporcionado por um investimento específico, posteriormente remunerado.

Couttolenc e Zucchi (1998, p. 15) caracterizam o faturamento como "uma das áreas clássicas da administração financeira". Os autores afirmam ainda que a administração financeira é "considerada como uma das cinco grandes áreas funcionais da administração, ao lado da administração de pessoal, de compras ou materiais, de vendas ou de *marketing* e da produção".

Os autores também esclarecem que a administração financeira "partilha com as outras áreas funcionais as funções básicas da administração: planejar, organizar, coordenar, dirigir e controlar, e sua importância tende naturalmente a crescer numa época de crise econômica e escassez de recursos, em que seu adequado gerenciamento é fundamental" (Couttolenc; Zucchi, 1998, p. 15).

De acordo com Padilha (1990), faturamento hospitalar/contas é um documento oficial que contém o preenchimento dos serviços prestados, com a ciência do usuário, por meio de assinatura, que servirá como cobrança pelo serviço realizado. O faturamento começa na recepção e termina no convênio, com o pagamento correto das contas enviadas.

O art. 196 da Constituição Federal de 1988 estabelece a saúde como direito de todos e dever do Estado (Brasil, 1988). Em 1990, com base na Constituição, por meio da Lei n. 8.080, de 19 de setembro de 1990 (Brasil, 1990b), foi constituído o Sistema Único de Saúde (SUS), um dos mais complexos sistemas de saúde do mundo, que proporciona acesso integral, universal e gratuito a toda a população do país, desde eventos simples (como controle da pressão arterial) até procedimentos mais complexos (como transplantes de órgãos) (Brasil, 2023b).

Hasenbalg e Silva (2003) explicam que o SUS é um sistema público, financiado com recursos arrecadados por intermédio de impostos e contribuições e, desde a sua criação, vem sendo aprimorado, o que fez com que obtivesse avanços significativos. De uma perspectiva macro, ampliou, durante esse período, o acesso da população aos recursos de saúde, embora, no cotidiano, esteja longe da plenitude, mesmo se levados em conta alguns princípios como direito universal, equidade e igualdade. Segundo Santos (1996), sua construção é considerada um marco na história do país por pressupor a participação da sociedade nesse processo e preconizar a busca do consenso entre diferentes esferas de governo.

Assim, o SUS configura-se como uma das políticas públicas brasileiras mais avançadas, calcada na democracia participativa e emancipatória.

A promulgação da Lei n. 9.656, de 3 de junho de 1998 (Brasil, 1998), que regulamenta o setor, despertou nas empresas que comercializam e oferecem produtos de assistência à saúde o interesse pela venda de planos de assistência à saúde e seguros. No ano 2000, foi criada a Agência Nacional de Saúde Suplementar (ANS), vinculada ao Ministério da Saúde, cuja função é normatizar, controlar e fiscalizar os planos de saúde, recebendo reclamações, impondo multas e punindo as empresas infratoras, amparada pelo Código de Defesa do Consumidor – CDC (Gerschman et al., 2012).

Com a criação da ANS, o envio discriminado de dados assistenciais, contendo os procedimentos e valores, tornou-se obrigatório e uma forma de controle, o que passou a demandar, portanto, ainda mais atenção da área de faturamento.

Em artigo sobre o processo de faturamento hospitalar, Mauriz et al. (2012, p. 40) caracterizam a área como "uma das funções de maior importância na Administração Financeira de um hospital, sendo ele público ou privado, pois traduz em moeda corrente todas as operações de prestação de serviços assistenciais em saúde do indivíduo, da comunidade ou de populações".

Nos últimos cinco anos, o desenvolvimento da área hospitalar apresentou muitas mudanças, aproximando a tecnologia de gestão de recursos da área hospitalar daquela utilizada por empresas industriais e comerciais. O envio de informações referentes aos atendimentos e procedimentos efetivados em ambientes hospitalares e ambulatoriais ao SUS acontece via nota fiscal, por meio do Sistema de Informações Hospitalares (SIH) e do Sistema de

Informações Ambulatoriais do Serviço de Saúde (SAI), que gerenciam essas informações, além de outras atividades.

A área de saúde requer administração eficaz, tendo como premissa garantir a gestão das receitas do hospital, responsabilizando-se pelas contas hospitalares dos pacientes e pela conferência de documentos, assegurando que as exigências das operadoras de saúde sejam cumpridas, com o objetivo de evitar as chamadas *glosas*. Por essa razão, as atividades de todos os setores da instituição devem ser interligadas, cumprindo uma sequência de ações com eficiência, para que não ocorram inconformidades no processo e as funções do faturamento sejam executadas plenamente.

> Produtividade significa a relação entre a quantidade de produto obtida no processo de produção e a quantidade do fator necessário para sua obtenção. Contudo, a simples relação física entre um e outro tem significado apenas técnico. A distinção entre produtividade e rentabilidade é dada pelo fato de que a segunda implica em definição dos custos em dinheiro na relação entre fator e produto, enquanto a produtividade considera o dispêndio de trabalho do fator para a produção da quantidade desejada do produto. (Chiavenato, 2000, p. 73)

É de extrema importância que todo o grupo assistencial seja conhecedor dos componentes que contemplam os custos hospitalares, a fim de promover o uso adequado dos recursos, garantindo a qualidade de cobrança dos insumos utilizados (Padilha, 1990).

Nas instituições, a qualidade passou a ser um aspecto inerente a seus processos, para que as revisões possam proporcionar resultados melhores, evitando desperdícios e trazendo custos menores. Como afirmam Paim e Ciconelli (2007), tornou-se um diferencial no mercado competitivo e ainda um pré-requisito para a evolução das instituições.

Para Zanon (2001), no Brasil, a qualidade da assistência de muitos hospitais ainda é pressuposta pelo grau de capacitação científica e tecnológica dos agentes. Ainda de acordo com esse autor, em 1970, alguns hospitais iniciaram a prática de auditoria para avaliação dos aspectos técnicos, éticos e administrativos do desempenho da equipe de saúde.

Os serviços que o hospital desenvolve precisam se interligar com muita perfeição porque, caso contrário, a assistência aos doentes será prejudicada (Cherubin, 2003). É sempre importante lembrar que a área da saúde cuida de nosso bem mais precioso, a vida. Nesse sentido, os atendimentos devem exigir de todos os profissionais envolvidos cada vez mais atenção humanizada, considerando-se cada paciente como único; um simples olhar nos olhos, o chamamento pelo nome são ações que propiciam mais acolhimento em momentos delicados.

Para atender às exigências não só de clientes que buscam qualidade e acolhimento, mas também de um mercado concorrido, investidores e proprietários reconhecem a necessidade de auditoria, tendo em vista um quadro mais completo e detalhado da realidade econômica e financeira, espelhada no patrimônio das empresas nas quais investem. O aparecimento de grandes empresas, geograficamente bem distribuídas e de maneira simultânea ao desenvolvimento econômico, possibilitou a participação na formação de seu capital, mas propiciou, também, a demanda de auditorias (Attie, 1998). O controle consiste em acompanhar as atividades em andamento e assegurar que elas sigam determinado plano, sendo possível identificar e corrigir eventuais problemas durante sua execução (Couttolenc; Zucchi, 1998).

A tomada de decisão assertiva de uma empresa depende da análise de seus custos, que devem ser baseados em sua área de atuação. Essa análise tornou-se pertinente em razão da competitividade instalada na grande maioria dos mercados de prestação de serviços, comercial e industrial (Martins, 2003).

Na definição de Araujo (2012, p. 3),

> O serviço de Faturamento Médico-Hospitalar tem a missão de processar as contas médicas e hospitalares dos pacientes atendidos nos diversos serviços do hospital, de forma a garantir o correspondente pagamento dos recursos utilizados geridos por tabelas de precificação previamente negociadas.

2.2 O que é faturamento?

De acordo com a definição do *Dicionário Michaelis de Língua Portuguesa*, *faturamento* é o "ato ou efeito de faturar", ou seja, fazer a fatura da comercialização de bens e/ou prestação de serviços mediante contrapartida monetária (Faturamento, 2022). Como sinônimos de *faturamento*, são apresentadas as palavras: *renda*, *receita*, *faturação* e *dividendo*. Quando estudamos o significado de algumas palavras direta ou indiretamente relacionadas ao faturamento, obtemos as seguintes respostas, conforme disposto no *Dicionário Dicio*:

- **Análise**: "Ação ou efeito de analisar, de fazer um exame detalhado de algo; exame; análise de um texto, de uma planta, de uma pessoa. [...] Exame detalhado de cada seção que compõe um todo, buscando compreender tudo aquilo que o caracteriza" (Análise, 2023).
- **Faturar**: "Fazer a fatura das mercadorias vendidas. Incluir na fatura uma mercadoria" (Faturar, 2023).

- **Receita**: "Valor que é recebido, arrecadado ou apurado; receita mensal. Conjunto dos rendimentos de um Estado, uma sociedade, um indivíduo" (Receita, 2023).

Voese e Mello (2013) contextualizam que, diante das crises internacionais e dos avanços da tecnologia, as condições econômico-financeiras sofrem mudanças contínuas, resultando em perdas de mercado, queda de taxas de juros e aumento das demandas por produtos com qualidade. Nesse ambiente em transformação, os prestadores de cuidados em saúde, para manter sua resiliência, precisam desenvolver a economia, gerindo seus diversos processos.

Tradicionalmente, as organizações hospitalares têm-se baseado em teorias administrativas clássicas, com estruturas rígidas, hierarquias múltiplas, poder centralizado, autonomia e responsabilidade limitadas nas camadas intermediárias e ênfase na valorização das funções de controle como supervisão da produção. Guimarães e Évora (2004, p. 74) afirmam que o sistema de saúde "é caracterizado pelo alto consumo de recursos e baixa produtividade e não consegue responder às expectativas da população e dos profissionais envolvidos".

Podemos perceber que o setor de saúde exige muito controle e organização em sua gestão, principalmente no setor financeiro, pois interfere diretamente na qualidade do atendimento prestado pelas clínicas e hospitais. Na verdade, o departamento precisa de uma gestão eficaz, o que certamente vai influenciar no faturamento do hospital.

Berwick, Godfrey e Roessner (1995) consideram que é possível alinhar os conceitos utilizados na indústria para a área da saúde, mesmo que levemente, para fornecer exemplos concretos do emprego das ferramentas do padrão de qualidade.

A preocupação com a evolução da qualidade nos serviços de saúde não é tão recente; seus antecedentes remontam ao início da segunda metade do século XIX.

É importante que toda a equipe assistencial esteja atenta aos componentes que cobrem os custos hospitalares, de forma a conseguir a otimização do aproveitamento dos recursos, além de garantir a qualidade de carregamento dos equipamentos utilizados.

Os resultados demonstrados corresponderão às diretrizes de gestão em si e ao modelo de compensação de produtividade nesse contexto do hospital. Como argumentam Mauriz et al. (2012, p. 42-43):

> O faturamento deve instituir fortemente objetivos setoriais comuns a todos os seus colaboradores internos para evitar a evasão de receitas. Pois a mesma em relação aos procedimentos e de insumos pode não somente causar a diminuição de recursos financeiros e econômicos, como também, dependendo do tempo e da perda do quantitativo financeiro, colocar a instituição em situação frágil ou inviável financeiramente.

Segundo Francisco e Castilho (2002), a atuação dos colaboradores desse setor começa com a coleta das guias, passando pelas solicitações médicas, laudos e prontuários de internação das atividades médicas e cirúrgicas, e finaliza com, após conferência e complementação de dados, a execução de toda a digitação e arquivamento deles para realização da cobrança, juntamente aos demais documentos comprobatórios dos procedimentos realizados. É importante que toda essa atuação seja repassada aos colaboradores por meio de treinamentos recorrentes e, se possível, da demonstração prática – quer dizer, como as etapas podem seguir sempre com qualidade.

Mauriz et al. (2012, p. 41) defendem que o faturamento seja analisado como um sistema de conversão de valores. Para esses autores:

> A gestão de custo aplicada às instituições de saúde compreende uma extensão de benefícios que vai muito além das necessidades pertinentes ao ciclo da contabilidade de custos, cuja preocupação encerra-se na aplicação do custo dos produtos ou serviços com a finalidade de preparação de demonstrações contábeis, sob a configuração definida pela legislação.

A evolução das despesas com saúde tem preocupado gestores da área. Os fatores que acarretam esse aumento (internos ou externos) trazem custos elevados, sendo um deles a falta de um controle mais ativo e efetivo, o que induz à auditoria dos serviços prestados – providência das mais relevantes às instituições de saúde, necessária à manutenção da própria saúde financeira de tais organizações.

É por meio das auditorias que os especialistas avaliam, regulam e aprovam os procedimentos médicos solicitados para fins de diagnósticos ou terapêuticos, tendo como premissa o respeito à independência profissional e os princípios éticos que regem os relacionamentos pessoais e sociais. Nessa etapa, acontece a conferência da conta ou procedimento, pelo auditor médico ou enfermeiro, com a prerrogativa de identificar desvios de processos para que os padrões técnicos e administrativos possam ser reavaliados e melhorados, evitando-se perdas e contribuindo-se para o melhor atendimento dos pacientes da instituição (Maia; Paes, 2005).

Para o bom funcionamento da área de cobrança de uma instituição pública ou privada, cuidados especiais devem ser tomados, de modo a garantir uma gestão segura e eficiente. Além disso, processos ágeis e precisos asseguram que a gestão de cobranças seja feita da forma correta.

Como ressaltam Maia e Paes (2005, p. 12):

> Hoje os planos e seguro de saúde são os responsáveis por quase toda assistência à saúde do País, sendo importante para a manutenção do equilíbrio do sistema uma equipe multiprofissional de auditoria a análise dos serviços realizados, tanto em ambulatório como em regime de internação hospitalar, seja em caráter eletivo, ou seja em caráter de urgência/emergência. Os profissionais da área de saúde, médicos, enfermeiros, assistentes sociais e técnicos administrativos, agrupados em equipe, têm, portanto, papel fundamental no sistema e na política de saúde do País.

2.3 Objetivos do faturamento

O faturamento hospitalar, clínico ou de qualquer prestador da área de saúde visa aferir o capital de giro aplicado em suas atividades e "conhecer qual a rentabilidade dos serviços e clínicas, podendo assim gerir custos, qualidade e receitas" (Mauriz et al., 2012, p. 39).

A área é a responsável por administrar as contas dos pacientes, proporcionando a cobrança de todos os bens e a utilização assistencial para as operadoras de saúde ou para cobranças em formato particular. A estruturação multidisciplinar da área busca otimizar uma organização vulnerável, compondo a sua produção, identificar subfaturamento e não faturamento de procedimentos realizados, bem como justificar gastos com materiais e equipamentos e a necessidade de aumento no orçamento.

A prerrogativa do faturamento é comprovar à operadora de plano de saúde ou ao SUS quais recursos estão sendo empregados na prestação de serviço ao beneficiário/usuário. Dessa forma, será possível examinar e comprovar a utilização para a quitação do valor devido.

Como sabemos, o paciente que chega a uma instituição de saúde (clínicas, hospitais, consultórios) é atendido por diferentes serviços médicos, de apoio diagnóstico e terapêutico, de acordo com o protocolo da instituição ou seu estado clínico. Como previsto no art. 87 do Código de Ética Médica do Conselho Federal de Medicina (CFM), todo tratamento deve ser registrado em um prontuário médico, documento que servirá, também, como base para o faturamento. Para elaboração do prontuário, é preciso que se observe a normativa:

> Art. 87. Deixar de elaborar prontuário legível para cada paciente.
>
> § 1º O prontuário deve conter os dados clínicos necessários para a boa condução do caso, sendo preenchido, em cada avaliação, em ordem cronológica com data, hora, assinatura e número de registro do médico no Conselho Regional de Medicina.
>
> § 2º O prontuário estará sob a guarda do médico ou da instituição que assiste o paciente.
>
> § 3º Cabe ao médico assistente ou a seu substituto elaborar e entregar o sumário de alta ao paciente ou, na sua impossibilidade, ao seu representante legal. (CFM, 2019, p. 37-38)

Ademais, é preciso que a organização registre, em seus documentos, a qualidade dos instrumentos necessários para a orientação sobre a cobrança dos serviços prestados, sendo responsabilidade da área de faturamento processar as contas dos atendimentos realizados, seja no hospital, seja na clínica, seja em consultórios. Essa qualidade esperada pode, por exemplo, ser a elaboração de instruções de trabalho aos colaboradores da instituição, norteando-os no preenchimento correto e completo de toda a documentação requerida para o excelente faturamento.

Como explicam Cardoso e Viana (2017, p. 1), o setor de "faturamento, considerado um setor muito crítico do hospital, tem por objetivo elaborar as faturas dos procedimentos realizados de cada paciente atendido" nas instituições. Para tanto,

> deve ser elaborada uma fatura cobrando dos convênios os valores gastos, dentro de um prazo estabelecido por contrato, uma vez que, sem essas cobranças, os convênios não pagam pelos procedimentos realizados. As fontes de receita do hospital são advindas do SUS e dos convênios, sendo que o SUS paga um valor fixo mensal ao hospital, independentemente do número de procedimentos realizados e os convênios pagam pelos procedimentos efetuados. (Cardoso; Viana, 2017, p. 1)

Para evitar essa situação, é essencial que os colaboradores mantenham as bases atualizadas e que sejam oferecidos constantes treinamentos a toda a equipe.

Como bem define Salu (2015), o processo de cobrança de contas hospitalares e serviços de saúde é um conjunto abrangente e complexo de um dos serviços da gestão hospitalar, em instituições com ou sem fins lucrativos. Por isso, esse processo demanda a participação de vários setores e equipes multiprofissionais, uma vez que é dele que advêm quase todas as receitas operacionais do hospital.

A seguir, listamos, de maneira breve, os objetivos principais do faturamento:

- Instituir controles cujos dados permitam criar relatórios do faturamento.

- Emitir faturas de cobrança dos serviços prestados, enviando-as às operadoras de planos privados de saúde ou ao SUS.
- Elaborar relatório para identificar faturas/guias pendentes.
- Conferir os relatórios emitidos pelas operadoras de planos privados e pelo SUS para identificar se todas foram pagas ou se há necessidade de tratativas (análise de glosas).

Ao se identificar que uma guia não foi paga, é possível que ela tenha sido glosada. Nesse caso, as operadoras de planos privados e o SUS também emitem relatórios analíticos cujo exame deve ser feito pelo faturamento. Em seguida, esse setor deve proceder às tratativas de correções das ocorrências apontadas, para que sejam avaliadas pelas operadoras de planos privados ou pelo SUS e revertidas em pagamento.

Por fim, ressaltamos que é essencial que todos os comprovantes dos serviços prestados sejam mantidos de forma organizada e atualizada, visto que, como já destacamos, as auditorias são práticas comuns atualmente e, futuramente, eles podem ser exigidos pelas instituições pagadoras.

2.4 Atribuições do profissional faturista

Independentemente do porte da organização, a área do faturamento exige bastante interação com os demais setores internos. Para tanto, algumas habilidades são necessárias ao perfil profissional dessa área.

As atribuições do profissional de faturamento são, basicamente, verificar os dados das contas médicas, cobrá-las dos convênios e do SUS e resolver as glosas. Entretanto, dependendo da instituição em que opere, ele pode ter responsabilidades extras.

Para atuar como profissional faturista, uma atividade que exige raciocínio e concentração, é importante ser meticuloso, ter capacidade analítica, manter a organização, saber trabalhar em equipe, gerir o tempo com eficiência, ter boa comunicação e relacionamento interpessoal.

Com o propósito de favorecer a compreensão das atribuições desse profissional, listamos algumas atividades a ele associadas:

- Conferir os prontuários e mantê-los organizados para o faturamento.
- Certificar-se de que o prontuário médico esteja com todas as rubricas, assinaturas e justificativas necessárias, cientificando que as medicações e procedimentos foram realizados.
- Admitir as atualizações sistêmicas que se fizerem necessárias.
- Avaliar as causas das glosas, efetuar as correções e identificar se processos precisam ser corrigidos para evitá-las.
- Estimar os valores financeiros recebidos oriundos dos pagamentos referentes às prestações de serviços da instituição.
- Analisar as possibilidades de aquisições para a instituição.
- Auxiliar a melhoria da estratégia operacional da instituição.
- Cumprir as obrigações regulamentares.

Já destacamos em outras passagens que o faturamento atua de forma estratégica nas instituições de saúde. Portanto, as atualizações de mercado devem ser avaliadas recorrentemente pelo profissional do faturamento, a fim de que os processos estejam sempre em conformidade.

Para saber mais

MOURA, G. L. de. **Faturamento de contas**: estudo de caso no Centro de Oncologia e Infusão da Unimed Porto Alegre. 49 f. Trabalho de Conclusão de Curso (Especialização em Controladoria e Finanças) – Universidade do Vale do Rio dos Sinos, São Leopoldo, 2016. Disponível em: <http://repositorio.jesuita.org.br/bitstream/handle/UNISINOS/6494/Graziela%20Lopes%20de%20Moura_.pdf?sequence=1&isAllowed=y>. Acesso em: 25 jan. 2023.

Uma boa oportunidade para aprofundar conhecimentos são os estudos de caso como o aqui indicado, visto que possibilitam entender, de modo mais prático, determinado processo, como ocorrem os fluxos, seus problemas e suas soluções, muitas vezes até mesmo com a possibilidade de empregá-los na instituição em que se estiver atuando.

Síntese

Neste capítulo, tratamos do conceito e da importância do faturamento para a administração hospitalar. Vimos que a descrição minuciosa de bens utilizados e serviços prestados propicia um faturamento adequado, o que também agiliza o recebimento dos honorários. Contrariando o senso comum, não se trata apenas de capacidade científica, mas de um correto faturamento, para que haja crescimento e se perceba maior impacto sobre a receita dos hospitais e demais instituições de saúde.

Elencamos também os objetivos do faturamento, entre eles, a comprovação documental de todas as etapas da assistência (bens e serviços). Por fim, sublinhamos alguns traços importantes do perfil do profissional de faturamento, como atenção, organização, capacidade analítica e boa comunicação.

Questões para revisão

1. Com base nos estudos deste capítulo, explique o que significa produtividade.

2. Com base nos estudos deste capítulo, explique o que é faturamento.

3. No que se refere ao tratamento de informações, qual a relação entre a área de faturamento hospitalar e os demais setores da organização?

4. Assinale a alternativa correta com relação às atividades do profissional faturista:
   a) Cumprir as obrigações regulamentares.
   b) Avaliar as causas das glosas, efetuar as correções e identificar se processos precisam ser corrigidos para evitá-las.
   c) Conferir e manter prontuários organizados para o faturamento.
   d) Admitir as atualizações sistêmicas que se fizerem necessárias
   e) Todas as alternativas anteriores estão corretas.

5. Assinale a alternativa correta a respeito dos objetivos do faturamento:
   a) Elaborar as faturas de cobranças e mantê-las arquivadas, sem enviá-las para as operadoras de planos privados ou SUS.
   b) Não elaborar relatórios de conferência.
   c) Elaborar as faturas de cobranças e enviá-las às operadoras de planos privados ou ao SUS, revisar os relatórios de controle das faturas para conferência daquelas que foram enviadas para pagamento e verificar as que ficaram em pendência.
   d) Emitir relatórios de cobrança e não conferir com os prontuários de cobrança.
   e) Atrelar o capital social à elaboração de faturas de cobranças.

6. Assinale a alternativa que indica qual documento oficial contém o preenchimento dos serviços prestados (com a ciência do usuário, por meio de assinatura) e serve para cobrar por eles:
   a) Demonstrativo de glosa.
   b) Demonstrativo de pagamento.
   c) Faturamento hospitalar/contas.
   d) Materiais e medicamentos.
   e) Políticas.

Questões para reflexão

1. No âmbito da gestão hospitalar, qual a pertinência do conhecimento sobre a área de faturamento?

2. O que pode ser feito para aumentar a eficiência da análise de receita em uma instituição hospitalar?

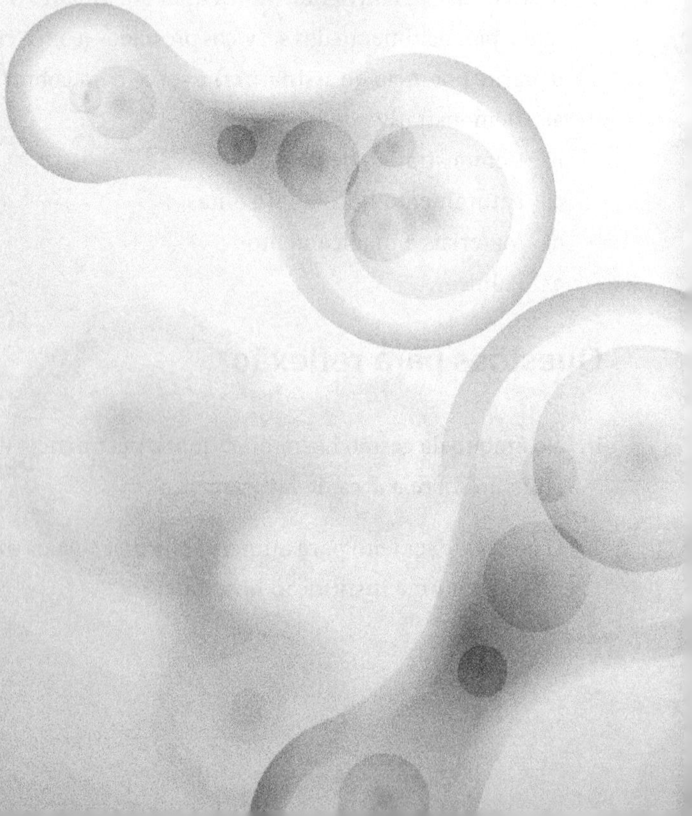

Capítulo 3
Processos de faturamento

Conteúdos do capítulo:

- Etapas do processo de faturamento.
- Operações de prestação de serviços em saúde.

Após o estudo deste capítulo, você será capaz de:

1. detalhar as etapas dos processos de faturamento;
2. executar o faturamento, as operações de prestação de serviços e os procedimentos relativos ao ressarcimento do Sistema Único de Saúde (SUS);
3. reconhecer a importância da auditoria e sua influência no aprimoramento dos serviços prestados;
4. reconhecer a importância do armazenamento de materiais.

3.1 Procedimento de pré-faturamento

O pré-faturamento é o momento que antecede a conferência final; em seguida, ocorre o envio da conta ao convênio. A área assistencial é movimentada e está sujeita, como as demais, a irregularidades no quesito administrativo, por isso é importante conhecer todas as etapas do processo.

A instituição de saúde pode adotar esse procedimento durante a passagem da guia pelos setores ou criar um setor específico para que a conferência seja feita pelo próprio faturamento. Pode também instaurar um processo de verificação antes da continuidade da conta. Embora não seja uma regra, o volume de trabalho leva as instituições de maior porte (as hospitalares, por exemplo) a optarem por separar os processos, mantendo setores específicos para cada atividade.

Para o pré-faturamento, é de suma importância que os colaboradores conheçam as regras da saúde suplementar a fim de que haja uma rotina de conferência das guias de cobrança para evitar inconsistências. A conferência antecipada previne glosas de pagamento, resultantes, justamente, de inconformidades nos processos.

3.1.1 Guias de cobrança de serviços

As regras do faturamento são estipuladas pela Agência Nacional de Saúde Suplementar (ANS). A seguir, listamos as guias de cobrança de serviços utilizadas no padrão de Troca deInformação de Saúde Suplementar (Tiss) e as possibilidades de vinculação com outras guias. Esse padrão deve ser seguido pelos prestadores de serviço e operadoras de saúde, tanto no formato físico quanto no eletrônico.

Guia de consulta

Seu uso é restrito à cobrança de consultas eletivas e não está vinculado a outras guias (ANS, 2021a).

Guia de SP/SADT

A sigla SP/SADT significa Serviço Profissional/ Serviço de Apoio ou Diagnóstico e Terapia. Essa guia deve ser usada para: 1) solicitar autorização de consulta com ou sem procedimento ou itens assistenciais e também para cobrar a consulta; 2) solicitar e cobrar procedimentos ou itens assistenciais em formato ambulatorial (não internado); 3) solicitar e cobrar procedimentos ou itens assistenciais em pacientes internados se o serviço for realizado por prestador terceirizado dentro da instituição; e 4) cobrar honorários de médicos ou outros profissionais (anestesistas, auxiliares etc.) – nesse caso, deve ser mencionado o quadro que identifica os profissionais, informando o grau de participação de cada um no atendimento (ANS, 2021a).

Para esclarecer o item 3, imagine a seguinte situação: o Hospital X não tem serviço de raio-x próprio, mas dispõe de um serviço terceirizado dentro de sua estrutura para prestar esse serviço. Nesse caso, quando um paciente estiver internado, deverá ser encaminhada, com a guia de solicitação de internação, uma guia de SP/SADT, com a descrição da cobrança do serviço de raio- x.

Ademais, essa guia pode ser vinculada a outra guia SP/SADT ou a uma guia de internação, com o preenchimento do campo "3- Número da Guia Principal". A cobrança de outras despesas, decorrentes do procedimento informado na guia principal SP/SADT (materiais, medicamentos, aluguéis, gases medicinais, taxas), pode ser feita pelo anexo "outras despesas". Nesse caso, deve ser apontado com o preenchimento do campo "2- Número da Guia Referenciada" (ANS, 2021a, p. 22).

Solicitação de internação

Seu uso está relacionado à solicitação de autorização para internações em regime hospitalar, hospital-dia e internação domiciliar, e seu vínculo é realizado por meio da guia de "resumo de internação", que nada mais é do que a cobrança dessa internação e que pode ser apontada pelas guias anexas de órteses, próteses e materiais especiais (OPME), solicitação de quimioterapia e radioterapia (ANS, 2021a).

Resumo de internação

Essa é a forma de cobrança das internações em regime hospitalar, hospital-dia e internação domiciliar. A cobrança de honorários de procedimentos e exames realizados durante a internação pode utilizar essa guia quando efetuados diretamente pelo hospital.

Seu vínculo é feito por meio da guia de solicitação de internação, com o preenchimento do campo "3- Número da Guia de Solicitação de Internação", pois foi ela que originou a cobrança. Pode ainda ser apresentada pelo anexo "outras despesas", para as cobranças de despesas com materiais, medicamentos, aluguéis, gases, taxas diversas e OPME. Caso seja necessário separar a cobrança de honorários médicos ou de outros profissionais, deve ser usada uma guia de honorários, vinculando-as por meio do campo "3- Número da Guia de Solicitação de Internação" (ANS, 2021a, p. 23).

Solicitação de prorrogação de internação ou complemento do tratamento

Vinculada à solicitação de prorrogação (feita à operadora), é utilizada para a internação e para os novos procedimentos necessários durante a internação. Sua formalização é feita com a guia inicial de solicitação de internação, pelo preenchimento do campo "3- Número da Guia de Solicitação de Internação" (ANS, 2021a, p. 24).

Guia de honorários

Utilizada para a cobrança dos honorários, feita diretamente pelo profissional (lembrando que, se a cobrança à operadora foi feita pelo hospital, a guia utilizada foi a SP/SADT). Seu vínculo é restrito à guia de solicitação de internação (p. 24 – ANS – Componente de Conteúdo e Estrutura).

Para esclarecer, citamos um exemplo: um paciente foi internado na instituição X para realização de uma apendicectomia. Para que a guia de cobrança seja encaminhada à operadora de saúde do paciente, será necessário que o hospital envie a guia de solicitação de internação preenchida, com a guia de honorários anexada, que comprovará a participação dos profissionais no procedimento. Importante lembrar que as duas guias deverão ter o mesmo número de autorização fornecido pela operadora no momento da liberação do procedimento.

Guia de tratamento odontológico

Seu uso está vinculado à solicitação e à cobrança de tratamentos odontológicos, podendo ser relacionado a outra guia de tratamento odontológico quando se tratar da continuidade de alguma guia já enviada para cobrança. Sua formalização é feita por meio do preenchimento do campo "3- Número da Guia Principal" (ANS, 2021a, p. 24).

Anexo de outras despesas

Seu uso está relacionado "às cobranças de despesas com gases medicinais, medicamentos, materiais, OPME, taxas, aluguéis e diárias de procedimentos e/ou atendimentos realizados e descritos nas guias SP/SADT ou guias de Resumo de Internação" (ANS, 2021a, p. 25).

A formalização desse anexo precisa, obrigatoriamente, remeter a uma guia SP/SADT ou guia de resumo de internação, utilizando o campo "2- Número da Guia Referenciada" (ANS, 2021a, p. 25).

Anexo de solicitação de OPME

Empregado na solicitação de autorização para uso de OPME, esse anexo precisa, obrigatoriamente, ser vinculado a uma guia SP/SADT ou guia de solicitação de internação, preenchendo-se o campo "3- Número da Guia Referenciada" (ANS, 2021a, p. 25).

Essa guia é utilizada anteriormente à ocorrência do procedimento cirúrgico eletivo. Nela é possível que o médico assistente detalhe a quantidade e o tamanho dos materiais especiais que serão necessários, para envio à operadora de saúde em conjunto com a guia de solicitação de internação.

Anexo de solicitação de quimioterapia

Serve para solicitar autorização de tratamento quimioterápico, podendo ser vinculado a uma guia SP/SADT ou a uma guia de solicitação de internação, com o preenchimento do campo "3-Número da Guia Referenciada" (ANS, 2021a, p. 25-26).

Nela constam detalhes sobre o tratamento que está sendo efetuado, como o tipo da quimioterapia, o plano terapêutico e o acompanhamento clínico, como peso e altura do paciente.

Anexo de solicitação de radioterapia

Efetiva a solicitação de autorização de tratamento de radioterapia, podendo estar vinculado/referenciado a uma guia SP/SADT ou guia de solicitação de internação, com o preenchimento do campo "3-Número da Guia Referenciada" (ANS, 2021a, p. 26).

O uso dessa guia está atrelado a eventos de radioterapia. Sua finalidade específica é proporcionar ao médico solicitante o acompanhamento de etapas anteriores do tratamento (quimioterapia e cirurgia, por exemplo), auxiliando nas melhores definições para o tratamento atual.

Anexo de guia de tratamento odontológico – Situação inicial

Aproveitado para o registro da informação da situação inicial do paciente antes de iniciar o tratamento. Esse anexo deve ser vinculado ao número da guia de tratamento odontológico, preenchendo-se o campo "3-Número da Guia Principal de Tratamento Odontológico" (ANS, 2021a, p. 26).

Além do conhecimento sobre os tipos de guias e seus vínculos, o profissional encarregado pela conferência do pré-faturamento precisa estar atento, pois não são admitidos, pela operadora odontológica, códigos repetidos de procedimentos na mesma guia.

Preste atenção!

As guias de cobrança também são conhecidas como *guias de faturamento*, porque consistem em documentos enviados às operadoras de planos de saúde com a descrição de todos os procedimentos realizados no atendimento ao paciente.

3.2 Fluxo do faturamento

Pedroso e Malik (2011) afirmam que o setor de saúde é considerado o mais complexo em termos de gestão na atualidade. Essa complexidade é resultado de aspectos peculiares da área, como a abrangência ampla, os diversos atores envolvidos e os valores sociais e econômicos que impactam na gestão dessas organizações, as quais precisam alinhar o orçamento financeiro e o custo da prestação dos serviços com o aproveitamento máximo da eficiência dos recursos.

Mauriz et al. (2012, p. 41) explicam que

> as evasões de receitas operacionais no faturamento podem ser causadas por alguns dos fatores a seguir: não cobrança de materiais e medicamentos utilizados; não cobrança de serviços de apoio diagnóstico ocasionado por um processo de trabalho ainda não compreendido por todos; não cumprimento de prazos para a entrega do faturamento; não recebimento ocasionado por glosas; tabela de procedimentos desatualizados.

As autoras enfatizam que, para evitar a evasão de receitas, "o faturamento deve instituir fortemente objetivos setoriais comuns a todos os seus colaboradores internos" (Mauriz et al., 2012, p. 42). Caso isso não aconteça, pode haver uma diminuição de recursos que, a depender do tempo e da perda de receita, pode levar a instituição a uma situação financeira frágil ou inviável.

Na prática, o processo de faturamento é o encarregado pelas contas que comprovam a aplicação dos recursos disponibilizados na prestação de serviços aos pacientes e que são encaminhadas às operadoras de planos de saúde. Após o recebimento e a análise dos documentos, a operadora paga, ou se recusa a pagar, o que resultará em recusa médica.

Os processos administrativos na área da saúde têm início e fim determinados. Na abordagem de Gonçalves (2006), trata-se de um fluxo de trabalho que segue uma sequência de tarefas claras e definidas, as quais dependem umas das outras para a conexão entre as atividades.

Considerando-se o conjunto de recursos humanos e materiais em um hospital, o fluxo de finanças, regulamentos, pessoas e informações, temos uma grande quantidade de dados que circulam continuamente, sem interrupção – inclusive nas métricas hospitalares encontramos informações de enfermagem –, e que devem estar relacionados ao faturamento, ao custo e às compras.

Como já mencionamos, para chegar à excelência de qualidade e de atendimento esperada, o treinamento dos colaboradores deve ser contínuo e periódico. A seguir, abordaremos três etapas efetivadas pelas instituições.

3.2.1 Preparo da conta, auditoria e efetivação do faturamento

A conta é o documento de cobrança às operadoras de planos privados de saúde ou, ainda, aos locais de atendimento do Sistema Único de Saúde (SUS), na qual são descritas todas as utilizações do beneficiário/paciente no momento da realização de procedimentos, com a descrição do serviço, materiais e medicamentos utilizados pelos prestadores de saúde.

O sistema de faturamento deve proporcionar comodidade e agilidade ao setor responsável pelo processamento (geração) de faturas, com base em taxas hospitalares e formulários de atendimento associados aos formulários empregados no contrato entre as operadoras e prestadores. Outro recurso importante é o de controle da conta em todas as etapas: digitação, fechamento, auditoria, envio e recebimento, o que oferece segurança, qualidade e controle sobre a conta e, consequentemente, reduz perdas.

Ressaltamos que a informatização do departamento de cobrança é importante para proporcionar agilidade a esse processo. Nessa primeira fase, a informatização pode trazer benefícios para a conta preparada em poucos dias. Todas as etapas do atendimento devem ser em formato eletrônico, para garantir a segurança do paciente e a rastreabilidade do processo, aplicando-se a prescrições médicas de procedimentos, medicamentos, prontuários, comprovação dos serviços prestados e orientações para solicitação de autorização aos planos assistenciais, se for necessário.

Como explicam Guerrer, Lima e Castilho (2015, p. 415), "instituições hospitalares, públicas e privadas, que prestam serviços às OPS investem na auditoria de contas visando à adequada remuneração do atendimento prestado". Os autores ainda esclarecem que a auditoria é "ferramenta que pode subsidiar ações educativas para a melhoria contínua da documentação nos prontuários, diminuindo as não conformidades entre o registro da assistência prestada ao paciente e os itens cobrados na conta hospitalar, evitando o comprometimento do faturamento assistencial" (Guerrer; Lima; Castilho, citados por Zunta; Lima, 2017, p. 10).

Nos próximos capítulos, o tema será abordado com detalhamento no tópico de processo de auditoria; entretanto, para favorecer o entendimento da etapa dentro do processo de faturamento, faremos uma breve descrição. Após a junção de todos os dados relacionados à conta de uma auditoria interna, comumente composta por enfermeiros e médicos auditores, a conta é analisada para comparar se todas as etapas de prescrição estão contempladas, o que possibilita a continuidade do processo. É importante salientar que os principais benefícios desse processo são a garantia de atendimento de alta qualidade ao paciente e o uso otimizado dos recursos, além da redução dos custos desnecessários durante a prestação dos serviços.

3.3 Operações de prestação de serviços assistenciais em saúde

Em estudo sobre a prestação de serviço na saúde suplementar, Lima e Oliveira (2005) explicam que ela abrange tudo o que diz respeito à prevenção de uma enfermidade, bem como a recuperação e a reabilitação da saúde, com base no acordo firmado entre as partes e na Lei n. 9.656, de 3 de junho de 1998 (Brasil, 1998). Para cumprir as obrigações desse acordo, as operadoras de planos privados de saúde podem reservar recursos próprios, contratar ou autorizar pessoas físicas ou jurídicas habilitadas ao serviço de saúde e ressarcir o beneficiário das despesas incorridas pelos eventos cobertos pelo plano.

Em conjunto com os itens citados anteriormente, além da qualidade no atendimento, a consolidação do setor privado de saúde contribui diretamente com o SUS, como argumentam Ziroldo, Gimenes e Castelo Júnior (2013, p. 216):

> A Saúde Suplementar no Brasil conquistou oficialmente seu espaço por meio da Constituição Federal de 1988 [...]. Apresentando-se como alternativa de obtenção de serviços assistenciais para a população, a Saúde Suplementar vem ganhando destaque não só pela quantidade de serviços realizados, mas também pela percepção da boa qualidade dos atendimentos prestados aos seus usuários. Com a responsabilidade de atender mais de 50 milhões de brasileiros, a Saúde Suplementar se fundamentou como importante pilar de sustentabilidade do setor. Por meio de buscas desenvolvidas [...] ficou claro que o setor público, representado pelo Sistema Único de Saúde (SUS), não teria condições de suprir a demanda de atendimentos assistenciais caso não existisse o setor privado.

Os macroprocessos de gestão de saúde são imprescindíveis para a operação de serviços assistenciais em saúde porque promovem a integridade da assistência e asseguram a equidade no acesso a ela.

> A Regulação em Saúde consiste em macroprocessos de gestão do setor Saúde, constituídos por um conjunto de ações que devem ser desenvolvidas de forma dinâmica e integrada, com o objetivo de apoiar a organização do sistema de saúde brasileiro, otimizar os recursos disponíveis, qualificar a atenção e o acesso da população às ações e aos serviços de saúde. A Regulação em Saúde compreende a elaboração de atos normativos que regulem ou regulamentem o setor Saúde, além de outras questões que impactem em seus determinantes. (Brasil, 2017, p. 9-10)

A ANS estabelece as normas que regem as relações jurídicas entre as operadoras de planos privados de saúde e os prestadores de serviços/profissionais de saúde, como a transcrita a seguir:

É obrigatório formalizar, em contratos escritos entre operadoras e prestadores de serviços, as obrigações e responsabilidades entre essas empresas. Caso não exista contrato escrito entre as operadoras e a rede credenciada (hospitais, clínicas, profissionais de saúde autônomos, serviços de diagnóstico por imagem e laboratórios), a Agência Nacional de Saúde Suplementar (ANS) poderá aplicar as penalidades previstas na Resolução Normativa RN nº 489/2022. (ANS, 2021c)

Como complemento, a ANS (2021c) explica que:

O contrato deve estabelecer com clareza as condições para a sua execução, expressas em cláusulas que definam direitos, obrigações e responsabilidades das partes, incluídas, obrigatoriamente, as que determinem:

- objeto;
- natureza do contrato, com descrição de todos os serviços contratados;
- valores dos serviços contratados;
- identificação dos atos, eventos e procedimentos assistenciais que necessitem de autorização da operadora;
- prazos e procedimentos para faturamento dos pagamentos e pagamento dos serviços prestados;
- critérios, forma e periodicidade dos reajustes dos preços a serem pagos pelas operadoras, que deverá [sic] ser obrigatoriamente anual;
- penalidades pelo não cumprimento das obrigações estabelecidas;
- vigência do contrato; e
- critérios para prorrogação, renovação e rescisão.

Com relação ao faturamento e ao pagamento dos serviços prestados, a ANS (2021c) descreve algumas regras para o efetivo pagamento das operadoras aos prestadores de serviços de saúde:

1. Os prazos e procedimentos para faturamento e pagamento dos serviços prestados devem ser livremente acordados entre as partes e expressos no contrato;
2. A rotina de auditoria administrativa e técnica também deve ser expressa em contrato, inclusive quanto às hipóteses em que o prestador poderá incorrer em glosa sobre o faturamento apresentado e aos prazos para contestação dessa glosa, bem como para resposta da operadora e para pagamento dos serviços em caso de revogação da glosa aplicada;
3. Ainda quanto à glosa, o prazo acordado para contestação por parte do prestador deve ser igual ao prazo definido para resposta por parte da operadora;
4. Em relação à auditoria, as partes devem prever no contrato escrito que o auditor contratado pela operadora deve exercer sua função de acordo com a legislação específica dos conselhos profissionais;
5. Não é permitido estabelecer regras que impeçam o acesso do prestador às rotinas de auditoria técnica ou administrativa, bem como o acesso às justificativas das glosas, nem que impeçam o prestador de contestar as glosas. Entretanto, essas vedações só se aplicam se o prestador enviar seu faturamento utilizando o padrão obrigatório para Troca de Informações na Saúde Suplementar - Padrão TISS vigente.

A ANS também esclarece que a forma de reescalonamento dos valores pagos pela operadora de saúde a hospitais, clínicas, profissionais de saúde autônomos, assim como serviços de diagnóstico por imagem e laboratórios que integram a rede credenciada, deve ser acertada e descrita em contrato assinado por ambas as partes, em atendimento ao disposto na Lei n. 9.656/1998 e demais regulamentações da ANS vigentes, como a proibição de estabelecer forma de reajuste condicionada ao índice de sinistralidade da operadora ou a manutenção ou redução do valor nocional dos serviços contratados (ANS, 2021c).

A Resolução Normativa n. 503, de 30 de março de 2022, "dispõe sobre as regras para celebração dos contratos escritos firmados entre as operadoras de planos de assistência à saúde e os prestadores de serviços de atenção à saúde", entre outras possíveis providências (ANS, 2022f). O art. 12, parágrafo 1º, dessa Resolução autoriza a adoção de indicadores ou critérios de qualidade e desempenho da assistência dos serviços prestados, previamente discutidos e aceitos pelas partes, desde que esteja observado "o disposto na Lei n. 9.656, de 3 de junho de 1998, e demais regulamentações da ANS em vigor" (ANS, 2022f).

Caberá a aplicação do índice de reajuste definido pela ANS (IPCA – Índice Nacional de Preços ao Consumidor Amplo) quando houver concomitantemente: 1) previsão contratual de livre negociação como única forma de reajuste e 2) a impossibilidade de acordo entre as partes ao término do período de negociação, conforme estipulado no parágrafo 3º do art. 12 da Resolução Normativa n. 503/2022 (ANS, 2022f). O art. 12, parágrafo 3º, da RN 503/2022 ainda determina que o período de negociação é "de até 90 (noventa) dias corridos, improrrogáveis, e contados a partir de 1º (primeiro) de janeiro de cada ano" (ANS, 2022f).

Na hipótese de ser acordado em contrato outra forma de reajuste, além da livre negociação, não será aplicado o índice estipulado pela ANS, ou seja, "mesmo na hipótese de não haver acordo ao final do período de negociação, será aplicado o reajuste estabelecido em contrato escrito firmado entre as partes" (ANS, 2022c). Nesse sentido,

> Para todos os prestadores de serviços não hospitalares, a aplicação do índice incidirá sobre o valor dos serviços contratados, com exceção de órteses, próteses, materiais e medicamentos que sejam faturados separado dos serviços. Já para os hospitais, a aplicação do índice será conforme estabelecido no contrato. (ANS, 2021c)

Para verificar o impacto de uma nova regulamentação, ou já existente, a ANS elaborou o documento nomeado *análise de impacto regulatório* (AIR), que servirá de subsídio para os tomadores de decisão, contendo a explicação das motivações da nova regulamentação e possíveis desdobramentos que ela poderá ter na área da saúde.

Alves e Peci (2011), em estudo sobre a análise de impacto regulatório, afirmam que os prováveis resultados da aplicação dessa ferramenta possibilitam um ambiente regulatório com certa previsibilidade e conferem maior credibilidade às ações regulatórias perante os consumidores e o setor regulado.

3.4 Materiais e medicamentos

A prestação de serviços hospitalares está ligada a outros tipos de atividades, especialmente aquelas relativas às principais ações da organização, que são salvar e preservar a vida das pessoas.

A logística de suprimento está entre os processos mais complexos para otimização, principalmente se considerados os medicamentos (Costa; Oliveira, 1999). As autoras Infante e Santos (2007) apontam que, além dos problemas sucessivos das discrepâncias nos abastecimentos e da falta de materiais, verifica-se a ausência de discussão referente ao processo logístico, abastecimento e cadeia de suprimentos.

Em um projeto para gestores municipais de serviço de saúde, Vecina Neto e Reinhardt Filho (1998, p. 1) explicam que:

> Materiais são produtos que podem ser armazenados ou que serão consumidos imediatamente após a sua chegada. Baseado nesse conceito, estão excluídos os materiais considerados permanentes, como equipamentos médico-hospitalares, mobiliário, veículos e semelhantes, e incluídos, portanto, os demais produtos, tais como medicamentos, alimentos, material de escritório, de limpeza, de conservação e reparos, de uso cirúrgico, de radiologia, de laboratório, reagentes químicos, vidraria etc.

Eles também afirmam que "os medicamentos, que costumam receber um tratamento diferenciado devido a sua importância estratégica para as ações de saúde, serão considerados como um grupo de materiais, uma vez que essa diferenciação não garante o gerenciamento satisfatório se comparado aos demais grupos de materiais" (Vecina Neto; Reinhardt Filho, 1998, p. 1).

3.4.1 Logística de suprimentos

Abordaremos agora algumas atividades importantes da logística, considerando que materiais e medicamentos são produtos que serão consumidos ou podem ser armazenados logo após a compra e fazem parte do faturamento da instituição de saúde. Um bom sistema informatizado poderá proporcionar o gerenciamento dos materiais, medicamentos, órteses e próteses, tendo como premissa a manutenção contínua, sendo então possível minimizar erros e fraudes em decorrência do mau uso desses itens.

Subsistema de normalização

Vecina Neto e Reinhardt Filho (1998, p. 7) lamentam que, "na área da saúde, as maiores falhas dos sistemas de administração de materiais se encontram nesse ponto", ou seja, no subsistema de normalização, que os autores classificam como "os instrumentos necessários à perfeita especificação dos materiais utilizados".

Subsistema de controle

Segundo Paterno (1990), deve haver controle em todas as etapas do ciclo operacional do hospital, começando com a necessidade de materiais de construção e terminando quando eles forem consumidos ou usados. A função de gerenciamento de ativos define o tempo e o custo necessários para adquirir, além de extrair, os documentos necessários do estoque.

Uma proposta eficaz para essa questão é o alinhamento com o corpo clínico da instituição na padronização de materiais e de medicamentos de uso frequente. Dessa forma, o estoque será linear e controlado com mais eficiência.

Compras

As aquisições são efetuadas pelo setor de compras, apoiado pelas comissões de registro cadastral e de julgamento de licitações. Como esclarece Arnold (1999), os profissionais de compras são responsáveis pelo estabelecimento do fluxo dos materiais na empresa, pelo segmento com o fornecedor e pela agilização da entrega.

Armazenamento

Roberto e Lira (2010, p. 96) definem que: "O almoxarifado é o local onde se encontram os materiais necessários à sustentação do processo e do sistema produtivo de bens ou serviços". Citando Ballou, os autores afirmam que "em sistemas logísticos, os estoques são mantidos para: a) melhorar o serviço ao cliente [...]; b) economia de escala, reduzindo custos [...]; c) proteção contra mudanças de preços em tempo de inflação alta" (Roberto; Lira, 2010, p. 97).

Distribuição

Roberto e Lira (2010, p. 98) argumentam que, na distribuição, umas das principais regras é que "o sistema deve distribuir a menor quantidade que a sua logística permitir". Para esclarecer, os autores citam a analogia da caixa de água de Martins e Alt: "Quando a velocidade da entrada de água é maior que a saída, o nível da caixa de água aumenta, do contrário ela abaixa" (Roberto; Lira, 2010, p. 98).

Importante reforçar que não apenas a distribuição precisa ser otimizada, mas também devem ser levados em conta o processo de armazenamento e a administração de materiais e medicamentos; por isso, é recomendável instituir protocolos para os itens a fim de evitar desperdícios.

3.5 Ressarcimento ao Sistema Único de Saúde (SUS)

Sobre o objetivo do ressarcimento,Mazza (2010, p. 461-462) explica que se refere à restituição dos

> gastos realizados pela rede pública com o tratamento de pessoas filiadas aos planos privados de assistência à saúde, sempre que

o tratamento for coberto pelo contrato do plano de saúde. Os serviços de assistência à saúde prestados pelo SUS a usuários de operadoras de planos de saúde que não constem do contrato correspondente, portanto, não são objeto do ressarcimento.

Mazza (2010, p. 461) destaca que o art. 4º da Lei n. 9.961, de 28 de janeiro de 2000 (Brasil, 2000), especifica as diversas competências da ANS e cita algumas delas, acompanhadas das respectivas regulamentações em vigor:

> Art. 4 Compete à ANS: [...].
>
> VI – estabelecer normas para o Ressarcimento ao SUS; (Resolução de Diretoria Colegiada - RDC nº 18, de 2000, revogada pela RDC nº 62, de 20 de março de 2001).
>
> XIX – proceder à integração de informações com os bancos de dados do Sistema Único de Saúde (RDC nº 3, de 2000).
>
> XXX – aplicar as penalidades pelo descumprimento da Lei nº 9.656, de 1998, e sua regulamentação; (Resolução de Diretoria Colegiada - RDC nº 24, de 16 de junho de 2000). (Mazza, 2010, p. 461)

Muitos beneficiários de planos privados de assistência à saúde ainda utilizam serviços do SUS, e isso está diretamente relacionado a faturamento e contas médicas, considerando-se a obrigatoriedade legal determinada pela ANS, conforme descrito a seguir.

Pereira (2021), ao destacar que, várias vezes, os beneficiários precisam recorrer à rede SUS para atendimento de procedimentos cobertos pelas operadoras, aponta alguns dos motivos para essa procura: falta de rede de prestadores, negativas de atendimentos, localidade, entre outros. Sendo assim, vemos que a rede SUS é utilizada mesmo nas situações em que há cobertura contratual por operadoras de saúde.

O art. 32 da Lei n. 9.656/1998, conhecida como *Lei dos Planos de Saúde*, determina que todos os atendimentos e "serviços de atendimento à saúde previstos nos respectivos contratos, prestados aos seus consumidores e respectivos dependentes, em instituições públicas ou privadas, conveniadas ou contratadas, integrantes do Sistema Único de Saúde-SUS", sejam ressarcidos pelas operadoras dos produtos de assistência à saúde, de acordo com as normas definidas pela ANS (Brasil, 1998).

Essa norma reforça a questão do reconhecimento da legalidade constitucional para o marco regulatório dos planos de saúde pelo Supremo Tribunal Federal (STF), viabilizando a cobrança do ressarcimento ao SUS. Pereira (2021, p. 14) explica que:

> Na saúde suplementar as ações e serviços de saúde são independentes dos prestados no SUS, embora o ideal seja a interlocução entre os dois sistemas. A prestação de assistência à saúde pelos planos privados não possui vínculo contratual direto com o SUS, sendo ofertada pelo setor de serviços de saúde, na esfera privada, e baseada em contratos celebrados entre as operadoras e seus beneficiários. Portanto, a relação direta existente é entre cidadão e o operador escolhido, sem interferência contratual do órgão regulador, nem do SUS. Desta forma, o sistema privado de saúde brasileiro atua na assistência, na prestação direta, por meio da complementariedade ao SUS (clínicas e hospitais privados), e na suplementação (saúde suplementar).

Quando um beneficiário de plano de assistência privado à saúde usufrui da rede/dos serviços do SUS, é obrigatório que a operadora faça o pagamento por esse serviço prestado, afinal, o beneficiário paga para ter acesso à rede privada e, por algum motivo, o contrato entre as partes (beneficiário e operadora) não foi cumprido, levando o beneficiário a recorrer à rede pública. O

SUS consegue identificar essa utilização, pois, periodicamente, envia os dados para a ANS, que pode emitir às operadoras o aviso de beneficiário identificado (ABI).

O processo de ressarcimento ao SUS tem início na base de dados, recepcionado, na ANS, pelo Departamento de Informática do SUS (DataSus), com informações sobre os atendimentos ocorridos na rede pública (SUS). Na posse desses dados, a ANS realiza o cruzamento entre eles e o banco de dados de beneficiários de planos de Saúde (ANS, 2021b).

O referido banco de dados, recepcionado pela ANS, armazena as informações disponibilizadas pelas operadoras de saúde, em obediência à Resolução Normativa n. 500, de 30 de março de 2022, que determina o envio do Sistema de Informação de Beneficiário – SIB (ANS, 2022d).

Após a verificação das bases, a próxima etapa é a identificação de beneficiários que utilizaram os serviços do SUS, por meio do envio do ABI, ou seja, a notificação às operadoras de planos de saúde, para que seja efetivado o pagamento dos valores apurados ou apresentadas as respectivas defesas (ANS, 2021b). A oposição entre suas instâncias e de parte das operadoras de saúde gera, inicialmente, o protocolo da impugnação, com a alegação dos motivos e justificativas, sinalizando que o ressarcimento não é devido. Havendo o indeferimento por parte da ANS, é possível apresentar um recurso contra a decisão anteriormente proferida (ANS, 2021b).

Por fim, após a constatação do atendimento coberto pelos contratos, ocorre a emissão da Guia de Recolhimento da União (GRU). A falta de pagamento por parte das operadoras de saúde resultará em dívida ativa e, por conseguinte, na inclusão no Cadastro Informativo de Créditos Não Quitados do Setor Público

Federal (Cadin), os respectivos valores são encaminhados ao Fundo Nacional de Saúde (FNS) do Ministério da Saúde (ANS, 2021b).

Os registros dos atendimentos para o ressarcimento ao SUS são realizados por meio da autorização de internação hospitalar (AIH) e da autorização de procedimentos ambulatoriais (Apac) (ANS, 2019). Em seu *Guia do Ressarcimento ao SUS*, a ANS descreve esses documentos da seguinte maneira:

> A Autorização de Internação Hospitalar – AIH é o documento com numeração própria em que se registra uma internação hospitalar realizada no SUS. Além de identificar o usuário que foi internado, a AIH indica, entre outros dados, os serviços a ele prestados, a unidade de saúde, a competência (mês) do faturamento e o caráter da internação. [...]
> A Autorização de Procedimentos Ambulatoriais – APAC é o documento utilizado pelo SUS para autorizar a realização de procedimentos ambulatoriais de alta e de média complexidade e a disponibilização de medicamentos excepcionais. A APAC apresenta numeração própria e indica, entre outros, o nome, a data de nascimento e o sexo do usuário atendido, a unidade de saúde que prestou o atendimento, os procedimentos realizados e o caráter do atendimento. Ao contrário da AIH, que indica as datas em que se iniciou e se encerrou o atendimento, a APAC indica o período em que o atendimento tem autorização para ser realizado. (ANS, 2019, p. 9)

Nem todos os procedimentos realizados no SUS por beneficiários de planos de saúde são cobrados das operadoras, pois alguns deles ou não constam no rol da ANS, ou não fazem parte do contrato ao qual os beneficiários estão vinculados (entre vários motivos, citamos a cobrança indevida). Nesses casos, as operadoras têm o direito de verificar a cobrança realizada em prontuário do paciente na unidade de origem da cobrança e solicitar a sua impugnação quando considerá-la inadequada. A ANS julgará os recursos procedentes ou não e, após o término das análises e dos deferimentos e indeferimentos dos recursos, cobrará das operadoras os devidos custos referentes ao SUS.

Para saber mais

OLIVEIRA, V. F. de. **Faturamento hospitalar**: identificação dos pontos de melhoria para a otimização dos processos. 29 f. Trabalho de Conclusão de Curso (Especialização em Gestão Pública) – Universidade Federal de Minas Gerais, Belo Horizonte, 2019. Disponível em: <https://repositorio.ufmg.br/bitstream/1843/30929/1/TCC%20VIVIANE%20FERRAZ-PDF.pdf>. Acesso em: 11 jan. 2023.

Esse estudo trata de temas importantes para aprofundar o conhecimento sobre o fluxo do processo de faturamento hospitalar, sua condução e as melhorias possíveis. Também permite identificar semelhanças com suas demandas e entender como conduzir as atividades para que as entregas sejam confiáveis, ágeis e suficientemente otimizadas.

Síntese

Neste capítulo, apresentamos as etapas concernentes ao pré-faturamento, cuja eficácia depende dos conhecimentos dos profissionais da área sobre as regras de saúde suplementar, bem como das guias de cobrança utilizadas nessa fase. Tratamos também da complexidade da gestão dos setores de saúde e destacamos as três principais atitudes tomadas pelas instituições a esse respeito: o preparo da conta, a auditoria e o efetivo faturamento.

Abordamos, ainda, aspectos relativos às operações de prestação de serviços essenciais em saúde, algumas normativas que regulam o setor, além da importância da especificação e do detalhamento de todas as cláusulas contratuais para que não haja obstáculos no momento do pagamento aos prestadores de serviços por parte das operadoras.

Versamos, brevemente, sobre a área de materiais e medicamentos, enfatizando a necessidade de organização dos setores responsáveis pela compra e pelo armazenamento de insumos.

Ao final, discutimos aspectos relativos ao ressarcimento devido ao SUS, sublinhando os casos em que não haverá compensação alguma (quando se tratar de serviço inexistente no rol de atendimentos prestados pela operadora escolhida pelo beneficiário).

Questões para revisão

1. A guia de honorários é utilizada na cobrança dos valores referentes à participação dos médicos em procedimentos cirúrgicos. A qual tipo de guia ela pode ser vinculada?
   a) Guia de consulta.
   b) Guia de tratamento odontológico.
   c) Anexo de quimioterapia.
   d) Solicitação de internação.
   e) Guia SP/SADT.

2. O faturamento exige muita atenção porque envolve o financeiro da instituição, o que ela receberá por seus serviços prestados. Para evitar erros, os processos, nessa etapa, precisam

estar bem definidos. Na prática, qual é a responsabilidade do faturamento?

3. As rotinas de auditorias administrativa e técnica devem estar descritas em contrato de prestação de serviço? Justifique.

4. Materiais e medicamentos são produtos que serão consumidos ou armazenados logo após a compra. A guarda correta e a manutenção dos prazos de validade possibilitam o uso adequado desses recursos. Para tanto, qual atividade de logística é necessária nesse processo?
   a) Curva ABC.
   b) Material.
   c) Armazenamento.
   d) Pesquisa.
   e) Análise de impacto regulatório.

5. Com base nos estudos deste capítulo, assinale a alternativa que indica em qual procedimento são utilizadas a autorização de internação hospitalar (AIH) e a autorização de procedimentos ambulatoriais (Apac):
   a) Ressarcimento ao SUS.
   b) Pagamento de prestadores.
   c) Glosas.
   d) Recebimento de dividendos.
   e) Pagamento da operadora de saúde.

Questão para reflexão

1. Qual a importância de formalizar um contrato de prestação de serviço em saúde? Explique com base nas discussões deste capítulo.

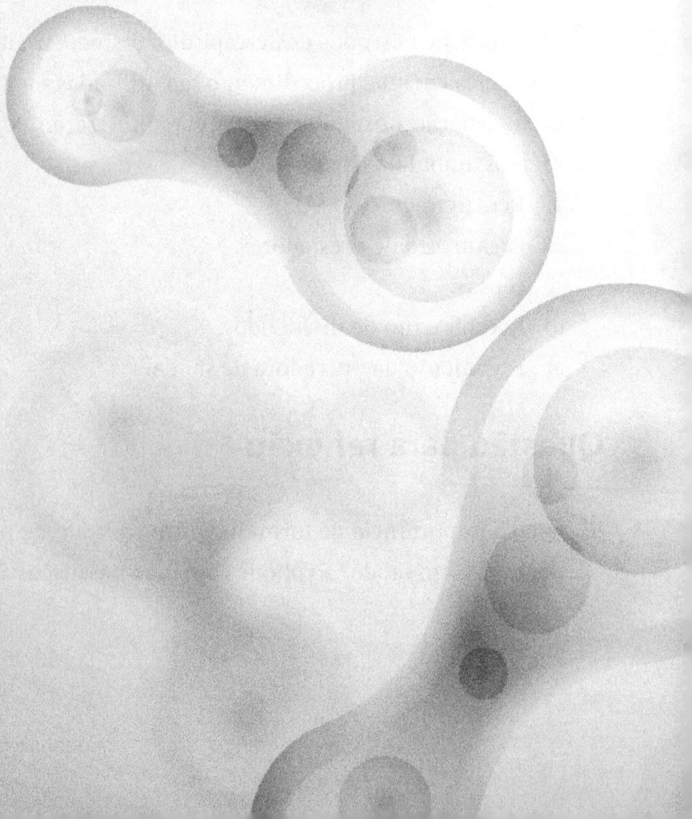

Capítulo 4

Gestão de documentos para o faturamento

Conteúdos do capítulo:

- Gestão da informação e de documentos.
- Análise de dados e sigilo.
- Prontuário do paciente.
- Tempo de guarda dos documentos.

Após o estudo deste capítulo, você será capaz de:

1. aplicar conceitos fundamentais para gerir, de forma eficiente, documentos importantes do faturamento;
2. reconhecer a importância do sigilo absoluto durante a manipulação de informações e da organização desse setor;
3. reconhecer a importância da relação do faturamento com as demais áreas da instituição de saúde, dos tópicos ligados ao registro dos prontuários e do armazenamento correto dessas informações.

4.1 Gestão da informação

Em razão das mudanças constantes no ambiente de negócio, as formas pelas quais obtemos informações assumiram papel fundamental no planejamento de estratégias competitivas. Com base na análise de informações, é possível constatar essas transformações mais rapidamente, o que viabiliza o reposicionamento dos negócios e aumenta a competitividade no mercado. Para que haja a boa gestão da informação, é necessária uma rotina de processamento, armazenamento, classificação, identificação e compartilhamento, tanto físicos como digitais.

Davenport e Prusak (1998, p. 2) explicam que os dados "são um conjunto de fatos distintos e objetivos, relativos a eventos". Tendo em conta a estrutura organizacional, os autores afirmam que, por serem considerados parte da estrutura de uma transação, os dados não revelam seu fim, mas apenas parte do que aconteceu. Em outras palavras, eles não induzem a julgamentos e não constituem base para tomadas de decisões, porém são importantes por servirem de matéria-prima para a criação da informação (Davenport; Prusak, 1998).

De acordo com McGee e Prusak (1994, p. 4), as informações são "dados coletados, organizados, ordenados, aos quais são atribuídos significados e contextos". Assim sendo, entendemos que as informações são um conjunto de dados úteis à organização e que configuram uma fonte de subsídios para a tomada de decisão. Davenport e Prusak (1998) explicam que as informações partem de um emitente e se dirigem a um receptor. Elas têm o objetivo de oferecer outra visão ao destinatário, buscando influenciar seu julgamento e comportamento, ou seja, as informações "são os dados que fazem a diferença" (Davenport; Prusak, 1998, p. 4).

Para que a informação se converta em conhecimento, Davenport e Prusak (1998, p. 7) esclarecem que os dados precisam ser transformados da seguinte maneira:

> Comparação: de que forma as informações relativas a esta situação se comparam a outras situações conhecidas?
> Consequências: quais implicações estas informações trazem para as tomadas de decisões e ações?
> Conexões: quais as relações entre os conhecimentos obtidos e aqueles já acumulados?
> Conversação: O que as outras pessoas pensam acerca desta informação?

Toda essa abordagem enseja uma rota para que o futuro gestor hospitalar possa utilizar as informações em tomadas de decisões assertivas. Para que a gestão da informação seja eficaz, não é possível desvincular o ser humano dessa atividade, uma vez que o trabalho intelectual é fundamental para gerar informação e conhecimento.

Como esclarece o professor Francisco Cunha (2005, p. 18), estudiosos da área da gestão de informação defendem que a informação e sua gestão adequada constituem "fatores estratégicos para o desenvolvimento socioeconômico" da organização. Para eles, a gestão da informação é importante para: "a) obter conhecimento, b) tomar decisões racionalmente, c) promover a sustentabilidade nas ações, e d) garantir a competitividade no mercado" (Cunha, 2005, p. 18).

Choo, citado por Cunha (2005, p. 52), reforça que o processo de transformação é moldado "pela cultura organizacional, pela maneira como a organização interpreta seus propósitos e compromissos, pela especificação de regras, rotinas e papéis". Segundo Choo, citado por Cunha (2005, p. 52), isso ocorre em três contextos:

1º Arena – Criar Significados – é a construção de consenso sobre o que é a organização e o que a mesma está fazendo;
2º Arena – Construção do conhecimento – é quando a organização cria, organiza e processa a Informação objetivando novos conhecimentos por meio da aprendizagem;
3º Arena – Tomar Decisões – é o momento no qual a organização busca e avalia as informações de modo a processá-las e analisá-las a partir de alternativas disponíveis, cuja vantagem e desvantagem são pesadas.

Choo (2003, p. 30) argumenta que "a organização que for capaz de integrar eficientemente os processos de criação de significado, construção do conhecimento e tomada de decisões pode ser considerada uma organização do conhecimento". O autor ainda explica que esses processos são dinâmicos e interligados, como demonstra a Figura 4.1.

Figura 4.1 – Organização do conhecimento

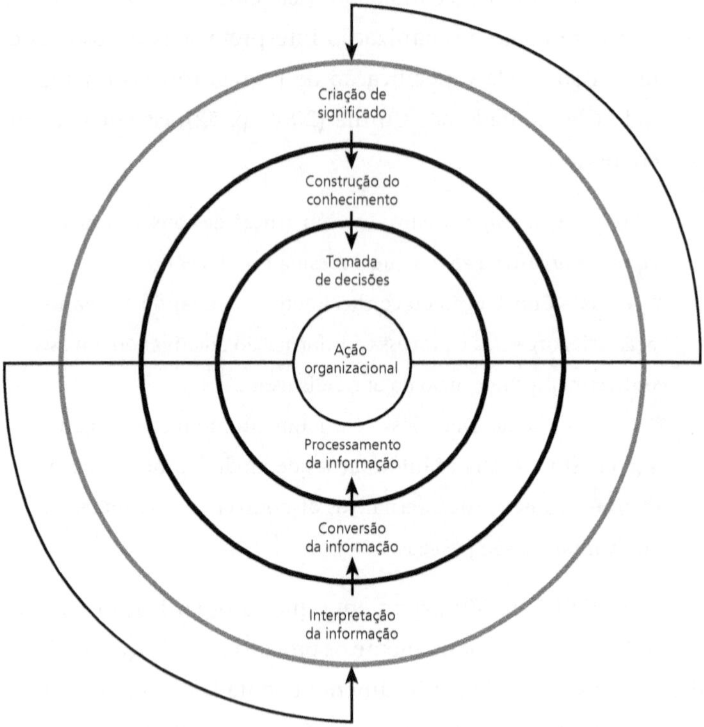

Fonte: Choo, 2003, p. 31.

Essa imagem é um exemplo de estratégia em que, por meio das informações, o profissional deve construir o conhecimento e a significância na interpretação dos fatos e dos processos, para então seguir com as decisões. Beal (2004, p. 12) hierarquiza a gestão da informação da seguinte forma:

> Dados: Registros ou fatos em "estado bruto":
> Facilmente estruturados;
> Facilmente transferíveis;
> Facilmente armazenáveis em computadores;

A compreensão das relações se dá com a junção entre dados e informações.

Informações: Dados dotados de relevância e propósito:

Exigem consenso em relação ao significado;

A compreensão dos padrões e princípios se dá na junção entre informação e conhecimento.

Conhecimento: Combinação entre informação contextual, experiência e *insight*:

Reflexão, síntese e contexto;

Difícil estruturação;

Difícil captura em máquinas;

Difícil transferência [...].

Vimos, portanto, que há um processo em toda organização, incluindo a área da saúde, que necessita da interligação de informações e dados para que a estrutura funcione ampla e corretamente.

Nas instituições de saúde, o maior bem relacionado à informação são os dados referentes aos eventos/procedimentos registrados no prontuário médico, que armazena todas as informações a respeito do paciente dentro da instituição, além de servir de base para a tomada de decisões internas.

A elaboração de uma política de gestão da informação nas instituições de saúde é o caminho correto para o ajuste de condutas. Ela deve contemplar definições e diretrizes que garantam disponibilidade, integridade, confidencialidade e autenticidade aos dados, documentos e informações produzidos internamente, lembrando-se também de relacionar a forma de armazenamento e a transmissão das informações. Dessa maneira, a confiabilidade e a imagem institucionais serão preservadas.

4.2 Cuidados com o sigilo da informação

Sabemos que informações concernentes às atividades de uma organização (administração, compras, bens, serviços, reclamações, cuidados de saúde etc.) são inseridas em um sistema, ou em suportes disponíveis para consulta ou manipulação. O acesso irrestrito a essas informações pode levar a usos inadequados em serviços ou instituições, principalmente no que diz respeito a sua circulação em meios digitais. Recentemente, o acesso às informações consideradas sensíveis, por estarem relacionadas a dados pessoais ou privados, passou a ser orientado pela Lei n. 13.709, de 14 de agosto de 2018, conhecida como *Lei Geral de Proteção de Dados* – LGPD (Brasil, 2018).

O objetivo da LGPD não é impedir que os dados sejam coletados para informar o público-alvo e melhorar as atividades comerciais. Toda empresa tem interesse legítimo em saber quem são seus clientes externos e internos, por exemplo. Na verdade, a LGPD determina regras relativas aos dados de todo cidadão ou empresa, desde sua coleta, seu armazenamento, bem como formas de compartilhamento e de descarte, visando mais proteção para os cidadãos. Nesse sentido, ela estabelece sanções para as empresas que não cumprirem suas determinações.

> Art. 1º Esta Lei dispõe sobre o tratamento de dados pessoais, inclusive nos meios digitais, por pessoa natural ou por pessoa jurídica de direito público ou privado, com o objetivo de proteger os direitos fundamentais de liberdade e de privacidade e o livre desenvolvimento da personalidade da pessoa natural. (Brasil, 2018)

Na sociedade humana, a vida repercute em ações, fatos e outros eventos cuja confidencialidade precisa ser preservada, por motivos de proteção pessoal. Na área de saúde, o sigilo profissional precisa ser maior, produzindo grandes efeitos quando aplicado, já que envolve obrigações legais e pressupostos morais que devem ser cumpridos.

A LGPD fornece diretrizes que orientam a coleta e o tratamento dos dados pessoais dos cidadãos, por meio de uma série de itens de controle, com o objetivo de assegurar o cumprimento das garantias previstas, fundamentadas na proteção dos direitos humanos relacionados à privacidade de dados.

De acordo com a definição da LGPD, os dados pessoais são aqueles que podem identificar um indivíduo, ainda que não diretamente; trazem, portanto, entendimento, criação e informação sobre alguém. Além disso, ela esclarece que, se isolados, os dados não identificam uma pessoa; somente quando agregados a outros dados, passam a ter tal capacidade. Um dado não pode ser considerado pessoal se não identifica um indivíduo; manipulam-se os dados obtidos, considerando-se a utilização de meios técnicos razoáveis e disponíveis na ocasião de seu tratamento.

A LGPD define que uma categoria especial de dados pessoais é denominada *sensível* quando contém informações relacionadas à "origem racial ou étnica, convicção religiosa, opinião política, filiação a sindicato ou organização de caráter religioso, filosófico ou político, dado referente à saúde ou a vida sexual, dado genético ou biométrico, quando vinculado a pessoa natural" (Maciel, 2019, p. 28). Na manipulação de dados pessoais, é imperativo que cuidados adicionais sejam tomados; além disso, programas de gerenciamento de dados devem ter espaço, fornecendo subsídios para a adequação à LGPD (Maldonado, 2019).

Na saúde suplementar, operadoras de planos de saúde, prestadores de serviços e estipulantes de planos coletivos são igualmente responsáveis pelas informações que recebem de terceiros e pelas decisões referentes ao tratamento de dados pessoais, assim como as instituições hospitalares (Gregori, 2020).

Segundo Lessa (2020, p. 24), "a implementação de programas de governança em privacidade e proteção de dados pessoais deve estar na agenda dos interessados em uma organização [...], dada a devida urgência e importância do tema", sendo que a ética na governança de dados deve partir "da alta direção e [ser] disseminada por toda a organização".

Hawryliszyn, Coelho e Barja (2021) elencam as seguintes estratégias importantes para implantação da LGPD:

- Conscientização de toda a equipe sobre a lei e a sua importância.
- Criação de políticas de segurança de dados.
- Controles de proteção baseados no mapeamento dos processos de armazenamento, processamento e compartilhamento de dados.
- Monitoramento e proteção contínua para garantir a segurança da informação.
- Gestão de consentimento, para que o titular dos dados consiga autorizar, bloquear ou revogar o consentimento dos seus dados pessoais para tratamento.
- Criptografias.
- Ações de revisão e adequações.
- Garantia de que os dados estarão seguros, inclusive em situações de queda de sistema.

Jussara de Azambuja Loch (2003, p. 51), especialista em bioética, explica que "o segredo profissional adquiriu fundamentação mais rigorosa, centralizada nas necessidades e direitos dos cidadãos à intimidade, passando a ser entendido como confidencialidade". Com base nos estudos de Diego Gracia, a autora explica que: "Esta dupla natureza do conceito de segredo profissional transforma-o em um **direito-dever**, na medida em que, sendo um direito do paciente, gera uma obrigação específica nos profissionais da saúde" (Loch, 2003, p. 51, grifo do original).

Styffe, citado por Loch (2003, p. 53), argumenta que a confidencialidade está relacionada à confiança, com base na qual é esperado que os dados compartilhados sejam utilizados para a finalidade específica por que foram revelados. Desse modo, nas palavras de Loch (2003, p. 53, grifo do original), "a informação confidencial é tanto **privada** quanto **voluntariamente** compartilhada, numa relação de confiança e fidelidade".

> Loch (2003) ressalta que, no atual modelo dos cuidados hospitalares, diferentes profissionais têm acesso aos prontuários dos pacientes, partilhando informações reveladas a seus pares. "Quando há colaboradores no atendimento a um paciente, a obrigação de sigilo se estende a todas as pessoas que ajudam o médico em seu trabalho" (Loch, 2003, p. 53).

Sales-Peres et al. (2008) lembram que a palavra *sigilo* remete a segredo. O sigilo profissional é a reação adequada diante de uma informação descoberta, ou exposta, em razão da atividade profissional exercida. Essa informação deve ser manipulada pelo profissional com zelo, a fim de contribuir para o cuidado do paciente.

A maioria dos conselhos de saúde incluem, em seus códigos de ética e estatutos, itens que dispõem sobre a inviolabilidade da intimidade, honra e imagem das pessoas, inclusive com a aplicação de indenização por danos morais e/ou materiais, decorrentes da sua violação. Sublinha-se, com isso, a importância do sigilo profissional.

O Código de Ética Médica do Conselho Federal de Medicina (CFM), no Capítulo IX, entre os arts. 73 e 79, veda os seguintes comportamentos aos médicos:

> Art. 73. Revelar fato de que tenha conhecimento em virtude do exercício de sua profissão, salvo por motivo justo, dever legal ou consentimento, por escrito, do paciente.
>
> [...]
>
> Art. 74. Revelar sigilo profissional relacionado a paciente criança ou adolescente, desde que estes tenham capacidade de discernimento, inclusive a seus pais ou representantes legais, salvo quando a não revelação possa acarretar dano ao paciente.
>
> Art. 75. Fazer referência a casos clínicos identificáveis, exibir pacientes ou imagens que os tornem reconhecíveis em anúncios profissionais ou na divulgação de assuntos médicos em meios de comunicação em geral, mesmo com autorização do paciente.
>
> Art. 76. Revelar informações confidenciais obtidas quando do exame médico de trabalhadores, inclusive por exigência dos dirigentes de empresas ou de instituições, salvo se o silêncio puser em risco a saúde dos empregados ou da comunidade.
>
> Art. 77. Prestar informações a empresas seguradoras sobre as circunstâncias da morte do paciente sob seus cuidados, além das contidas na declaração de óbito por expresso consentimento do seu representante legal. [nova redação – Resolução CFM nº 1997/2012]
>
> Art. 78. Deixar de orientar seus auxiliares e alunos a respeitar o sigilo profissional e zelar para que seja por eles mantido.
>
> Art. 79. Deixar de guardar o sigilo profissional na cobrança de honorários por meio judicial ou extrajudicial. (CFM, 2019, p. 35-36)

O Código de Ética dos Profissionais de Enfermagem, atualizado pela Resolução n. 564, de 6 de novembro de 2017, do Conselho Federal de Enfermagem (Cofen), apresenta, no primeiro e no segundo capítulos, entre os arts. 1 e 60, os direitos e deveres desses profissionais de saúde, como podemos conferir em alguns dos referidos artigos.

> Art. 1. Exercer a Enfermagem com liberdade, segurança técnica, científica e ambiental, autonomia, e ser tratado sem discriminação de qualquer natureza, segundo os princípios e pressupostos legais, éticos e dos direitos humanos.
>
> [...]
>
> Art. 22. Recusar-se a executar atividades que não sejam de sua competência técnica, científica, ética e legal ou que não ofereçam segurança ao profissional, à pessoa, à família e à coletividade.
>
> [...]
>
> Art. 26. Conhecer, cumprir e fazer cumprir o Código de Ética dos Profissionais de Enfermagem e demais normativos do Sistema Cofen/Conselhos Regionais de Enfermagem.
>
> [...]
>
> Art. 53. Resguardar os preceitos éticos e legais da profissão quanto ao conteúdo e imagem veiculados nos diferentes meios de comunicação e publicidade. (Cofen, 2017)

A crescente necessidade de informações na sociedade induz à promoção do acesso à informação, mas, ao mesmo tempo, é imprescindível que o sigilo e a restrição dos dados considerados sensíveis sejam preservados, ou seja, daqueles que podem ferir a dignidade da pessoa humana, conforme designado por legislações e priorizado nos códigos de ética profissional. Nesses casos, a quebra de sigilo só pode ocorrer com ordem judicial ou com consentimento firmado pela pessoa envolvida ou por seu representante legal.

Sales-Peres et al. (2008, p. 8) explicam que: "No Brasil, do ponto de vista legal, o sigilo e a privacidade da informação estão garantidos pelo Código Penal, que em seu artigo 154 trata do crime de violação do segredo profissional, o qual se estende a qualquer profissão". Loch (2003, p. 61), por sua vez, esclarece que:

> A perda do sigilo pode resultar não apenas de obrigações legais e de ofício, mas também de fatores como a ignorância e a falta de entendimento por parte do paciente e da negligência do profissional ou da instituição com estas questões, ou, ainda, por intervenção de terceiras partes, como planos de saúde e outras corporações envolvidas com a provisão de cuidados que, muitas vezes, necessitam da informação para garantir a qualidade dos serviços ou melhorar a alocação de recursos na área da saúde.

4.3 Análise de dados na visão da gestão de documentos

Organização e informação adequadas são recursos que possibilitam às instituições estratégias e decisões produtivas. É comum encontrarmos empresas (públicas ou privadas) que passam por reestruturações documentais para racionalização de custos e melhoria de resultados, em termos de qualidade e produtividade. Numa economia globalizada, na qual se buscam melhores produção e lucratividade, informações inválidas ou desatualizadas se constituem em desvantagem.

> Os primeiros documentos escritos surgiram não com a finalidade de, posteriormente, se fazer com eles a história, mas com objetivos jurídicos, funcionais e administrativos – documentos que o tempo tornaria históricos. O desenvolvimento da vida econômica

> e social, por sua vez, também originou os documentos necessários às sustentações, e tudo isso veio a constituir fontes documentárias custodiadas pelos arquivos. (Bellotto, 2005, p. 175)

Tudo o que é criado e registrado, independentemente de seu suporte, torna-se um documento que conta a história de um fato ou evento de cada vez. Vieira (2001, p. 1) afirma que o "documento é tudo que registra uma informação independentemente do valor que a ela venha a ser atribuído".

Como explana Bellotto (2005, p. 25):

> As atividades clássicas da administração – prever, organizar, comandar, coordenar e controlar – não se efetuam sem documentos. Quanto mais informados os administradores/dirigentes estiverem sobre um assunto, melhor e mais completamente poderão decidir sobre ele. [...] O arquivo de uma unidade administrativa armazena tudo o que ela produz – normas, objetivos e documentos decorrentes de suas funções –, servindo à informação e à gestão.

Os arquivos guardam as informações de que precisamos – culturais, acadêmicas, técnicas, históricas, estatísticas, para prova ou progresso. É um elemento necessário à evolução humana e, para fazer uso dele, é fundamental a presença de um profissional com conhecimentos específicos, que possa tratar e disseminar as informações necessárias aos usuários da instituição em que estiver inserido (Vieira, 2001).

Pazin Vitoriano (2005, p. 5) explica que

> O processo de organização do arquivo de qualquer instituição implica a realização de diversas etapas que possibilitem a compreensão e codificação dos documentos em diversos níveis, desde seu reconhecimento (Diagnóstico da Produção

Documental), passando pela inclusão de cada tipo documental numa lógica de organização (Classificação), até o estabelecimento de critérios de valoração, visando determinar a preservação ou eliminação dos documentos (Avaliação).

Os documentos são produzidos e recebidos no decorrer das atividades institucionais, orientadas por políticas, decisões e funções específicas. O Conselho Nacional de Arquivos (Conarq), na Resolução n. 1, de 18 de outubro de 1995: "Dispõe sobre a necessidade da adoção de planos e ou códigos de classificação de documentos nos arquivos correntes, que considerem a natureza dos assuntos resultantes de suas atividades e funções" (Conarq, 1995). No art. 1º, parágrafo 1º, a resolução aponta que:

> Considera-se gestão de documentos o planejamento e o controle das atividades técnicas relacionadas à produção, classificação, tramitação, uso, arquivamento, avaliação e seleção dos documentos de arquivo, em fase corrente e intermediária, visando a sua eliminação ou recolhimento para guarda permanente. (Conarq, 1995)

Segundo Marwick, citado por Bell (1997), quando se está em busca de confiabilidade na análise documental, tudo é duvidoso e devemos considerar questões como "fiável para quê?"; o método crítico oferecerá consistência às informações como um todo.

Miles e Huberman (1984, citados por Jiménez; Flores; Gómez, 1996) apresentam a análise de conteúdo em três conjuntos de tarefas:

- **Redução dos dados**: Conjunto amplo e complexo de dados para chegar a elementos manipuláveis que permitam estabelecer relações e obter conclusões representativas (Bogdan; Byklen, 1994).

- **Apresentação dos dados**: A apresentação de um conjunto de dados pode ser feita de múltiplas formas, tudo depende do objetivo visado pelo analista.
- **Conclusões**: As conclusões não devem se limitar à apresentação ordenada dos dados devidamente reduzidos, já que implicam maiores níveis de inferência.

O gerenciamento de documentos é fulcral para garantir o acesso a todas as informações de que uma empresa precisa. A criação de processos de verificação dos dados possibilita não apenas o controle adequado de todos os documentos da empresa, mas também a devida consulta a dados e informações necessários.

4.4 Importância do prontuário do paciente

Como é possível pressupor, o prontuário é considerado uma ferramenta essencial na prestação de serviços de saúde, uma vez que é um registro padronizado e organizado de todas as informações relacionadas à saúde do paciente. O prontuário médico é muito importante porque, além de ser considerado um documento legal, é útil em exames periciais, na continuidade do tratamento, no cuidado com os pacientes, entre outras ações.

Em estudo sobre o prontuário eletrônico, a pesquisadora em ciências da informação Virgínia Bentes Pinto (2007) afirma que a importância do registro escrito das informações sobre pacientes já era reconhecida desde o século V a.C., podendo indicar o curso da doença e suas possíveis causas.

Também em estudo sobre prontuário eletrônico, Marin, Massad e Azevedo Neto (2003, p. 2) destacam que: "Até o início do século XIX, os médicos baseavam suas observações, e consequentemente suas anotações, no que ouviam, sentiam e viam e as observações eram registradas em ordem cronológica, estabelecendo assim o chamado prontuário orientado pelo tempo, em uso desde então".

O uso de prontuário médico teve início em 1907, e os primeiros eram preenchidos em ordem cronológica, relacionados à patologia do paciente, os quais eram arquivados separadamente para facilitar a recuperação e o acesso às informações (Marin; Massad; Azevedo Neto, 2003).

O CFM, por meio da Resolução n. 1.638, de 10 de julho de 2002, no art. 1°, define *prontuário médico* como:

> documento único constituído de um conjunto de informações, sinais e imagens registradas, geradas a partir de fatos, acontecimentos e situações sobre a saúde do paciente e a assistência a ele prestada, de caráter legal, sigiloso e científico, que possibilita a comunicação entre membros da equipe multiprofissional e a continuidade da assistência prestada ao indivíduo. (CFM, 2002)

Costa (2001) explica que o prontuário do paciente consiste no agrupamento das informações fornecidas por ele, seus responsáveis legais ou ambos, juntamente com resultados obtidos em qualquer tipo de exame, também chamado de *prontuário do paciente* ou *registro médico*.

Durante muito tempo, o prontuário no papel foi o único dispositivo usado para armazenamento de informações. Nas últimas décadas, as novas ferramentas contribuíram para a mudança e a evolução da tecnologia em hospitais e clínicas, evidenciando a necessidade de aprimoramentos no armazenamento e na organização das informações de saúde. Uma dessas ferramentas foi o prontuário eletrônico do paciente, conhecido como *PEP*.

> No início dos anos 90, o *Institute of Medicine* dos Estados Unidos propôs um estudo a fim de definir o que é PEP, bem como apresentar medidas para a sua melhoria, levando em consideração as novas tecnologias. Constatou-se que os sistemas de registro utilizados até então não se diferenciavam daqueles existentes há cinquenta anos, ou seja, a pobreza dos registros estava comprometendo a prestação dos serviços, pois não atendiam às necessidades dos profissionais de saúde, pacientes, administradores e pesquisadores. (Patrício et al., 2011, p. 122)

O CFM, por meio da Resolução n. 1.638/2002, aprovou a utilização do PEP, que contempla não apenas a inclusão de documento em papel, mas também em suporte eletrônico (Araújo, 2009). Em 2012, o CFM e a Sociedade Brasileira de Informática em Saúde (SBIS) disponibilizaram uma cartilha sobre o PEP, na qual explicam que

> a utilização da Tecnologia da Informação e Comunicação em Saúde (TICs) cresce a cada dia. Hoje são inúmeras as possibilidades, os recursos e os benefícios que a informática pode trazer para a área de saúde, especialmente para o médico. O Prontuário Eletrônico do Paciente (PEP) é a principal ferramenta de TICS que o médico precisa ou precisará nas suas atividades diárias, seja no consultório, centro diagnóstico ou hospital. (CFM; SBIS, 2012, p. 1)

Além da cartilha, que esclarece vários aspectos sobre prontuário eletrônico, registro eletrônico de saúde, certificação digital, certificação de *software* SBIS-CFM, validade ética e jurídica de um prontuário eletrônico, entre outros tópicos, o CFM e a SBIS estabeleceram um convênio de cooperação técnico-científica, em vigência desde 2002, com o intuito de estabelecer normas, padrões e regulamentos para o PEP e o registro eletrônico de saúde no Brasil.

Ressaltamos que, embora o nome do documento seja *prontuário médico*, evocando a ideia de pertencer ao médico, o arquivo pertence ao paciente, pois contém informações sobre sua saúde. Ainda que a responsabilidade pelo uso das informações seja dos médicos ou das instituições de saúde, é direito do paciente que esse documento seja protegido pelo sigilo.

A Resolução n. 1.638/2002 do CFM destaca que o paciente tem o direito de ver suas informações registradas no prontuário médico e de ter a certeza de que elas serão preservadas por meio da garantia do sigilo, que resguarda a sua intimidade.

A garantia da confidencialidade e da segurança das informações durante a transformação dos documentos para o formato digital foi tema de discussão do CFM, que aprovou, por meio da Resolução n. 1.821, de 11 de julho de 2007, convênio com a SBIS para a publicação do *Manual de Certificação para Sistemas de Registro Eletrônico em Saúde*, a fim de estabelecer "as normas técnicas concernentes à digitalização e uso dos sistemas informatizados para a guarda e manuseio dos documentos dos prontuários dos pacientes, autorizando a eliminação do papel e a troca de informação identificada em saúde" (CFM, 2007).

O CFM ressalta que o sigilo médico deve ser respeitado, conforme a Recomendação n. 3, de 28 de março de 2014:

> Art. 1º. Que os médicos e instituições de tratamento médico, clínico, ambulatorial ou hospitalar: **a)** forneçam, quando solicitados pelo cônjuge/companheiro sobrevivente do paciente morto, e sucessivamente pelos sucessores legítimos do paciente em linha reta, ou colaterais até o quarto grau, os prontuários médicos do paciente falecido: desde que documentalmente

comprovado o vínculo familiar e observada a ordem de vocação hereditária, e **b)** informem os pacientes acerca da necessidade de manifestação expressa da objeção à divulgação do seu prontuário médico após a sua morte. (CFM, 2014, grifo do original)

Como destaca a pesquisadora de direito médico Ana Maria Cerqueira Luiz (2003, p. 15), o sigilo médico não está relacionado apenas ao testemunho do profissional, mas também aos anexos que compõem o prontuário: "papeletas, boletins, folhas de rosto, evolução clínica e qualquer forma de anotação referente a evolução psicossocial-físico-clínico do referido paciente, que, antes de tudo, é um ser social".

4.5 Temporalidade de documentos

Devido ao crescente avanço tecnológico e à segmentação das instituições de saúde, é grande o volume de documentos (físicos e/ou eletrônicos) gerados. Nesse contexto, o gestor hospitalar precisa ter visão estratégica para que todo esse volume de documentos não se "perca" dentro da instituição.

Como ressaltam Salomi e Maciel (2016, p. 31), em pesquisa sobre gestão de documentos:

> Na área da saúde, a gestão é fundamental para o equilíbrio financeiro das instituições e para as melhorias de processos documentais do paciente e da organização. Para alcançar essas metas, os indicadores são elementos importantes, os quais começam a apontar evidências positivas na utilização da gestão de documentos e na automação de processos em uma instituição de saúde, por meio de Tecnologia da Informação e Comunicação no sistema e-Saúde.

Ao longo da história e em vivências pessoais, percebemos que as dificuldades de comunicação interna e externa constituem problemas entre as unidades da instituição, ambulatórios e a equipe em geral. A rotatividade de profissionais nos serviços de saúde também pode interferir na eficácia dessa comunicação. Considerando os pontos citados, é importante seguir o fluxo adequado para que o processo de temporalidade de documentos tenha condução e exclusão adequadas.

Como já citamos, a Resolução n. 1.821/2007 do CFM orienta sobre as técnicas de digitalização e uso de sistemas informatizados para a guarda e o manuseio de prontuários dos pacientes, autorizando a eliminação de papel e a troca de informação identificada em saúde.

Os critérios avaliados para a publicação dessa resolução foram: o avanço da tecnologia com a criação de sistemas seguros para a guarda desses documentos; e o crescente volume de armazenamento.

Como os dados podem ser divulgados apenas com a ciência e o consentimento do paciente, é imprescindível que a guarda seja realizada de forma a facilitar sua busca quando requerida e, se for solicitada pelo paciente, deve ser fornecida uma cópia autêntica com as informações ali registradas.

4.5.1 Gestão documental

Entre outros objetivos, as tratativas de gestão documental devem assegurar que a documentação esteja adequada, garantindo o acesso e a sua preservação, além de permitir a recuperação e a busca por informações de forma ágil e eficaz.

O estabelecimento de uma área própria para a gestão dos documentos da instituição auxiliará na centralização das informações e no cuidado para que elas não se percam, tendo em vista as idas e vindas de trâmites internos.

Rhoads (1983, p. 2, tradução nossa) sistematizou "os elementos que compreendem um programa geral de economia e eficiência na gestão dos documentos e que auxiliam no uso dos arquivos pela classificação de quatro fases, que representam o ciclo de vida dos documentos". São eles:

> A fase de **produção dos documentos** abrange os seguintes elementos: elaboração e gestão de formulários, preparação de correspondências, informes e diretrizes, fomento de sistemas de gestão da informação e aplicação de tecnologias modernas neste processo.
>
> A fase de **utilização e conservação dos documentos** abrange os seguintes aspectos: a criação e ajustes dos sistemas de arquivo e recuperação de dados, seleção e uso de equipamentos de reprodução, produção e manutenção de documentos vitais, aplicabilidade e funcionamento do centro de documentação e, quando disponível, a automação dos processos.
>
> A fase de **disposição dos documentos** abrange a identificação e descrição de séries documentais, o estabelecimento de programas de retenção e disposição de documentos, avaliação e descarte dos documentos e a transferência de documentos de valor para arquivos permanentes.
>
> A **gestão de arquivos** abrange a concepção e equipamentos de reposição, métodos e processos de reparação e preservação de arquivos, planejamento de políticas de acesso a arquivos, procedimentos de serviço de referência, criação de novos arquivos e informações sobre eles. Vários destes elementos dependem do uso de computadores e micrográficos. (Rhoads, 1983, p. 2, tradução nossa, grifo do original)

A guarda de documentos e sua disponibilidade a qualquer tempo são de capital importância para que pesquisas possam ser realizadas e informações possam ser prestadas aos órgãos competentes.

Lopez (2002) ensina que a norma Isad (*International Council on Archives*) dispõe a padronização estruturada em multiníveis, com campos específicos e hierarquizados nos cinco grandes tópicos indicados a seguir:

> N(a): **identificação** – determina o que está sendo descrito, o nível hierárquico que ocupa, volume, datas, códigos e títulos;
> N(b): contexto – indica tanto os dados básicos referentes ao produtor dos documentos em questão como procura historicizar o percurso desses documentos até o ingresso no arquivo;
> N(c): **conteúdo e estrutura** – procura resumir para o consulente as principais características dos documentos em questão, destacando as potencialidades de pesquisa, a forma de organização e a representatividade do conjunto em função de descartes prévios ou de posteriores acréscimos de documentos;
> N(d): **acesso e utilização** – orienta em relação aos aspectos práticos da consulta documental, realçando a situação jurídica, as condições de acesso, as possibilidades legais de utilização e reprodução, o idioma e os instrumentos de pesquisa disponíveis sobre os documentos em questão;
> N(e): **documentação associada** – aponta a relação dos documentos em questão com suas eventuais cópias ou reproduções e com os demais documentos relacionados, tanto no próprio acervo como em outros arquivos, instituições ou publicações. (Lopez, 2002, p. 15-16, grifo do original)

Lopez (2002, p. 16) complementa que "a adoção do sistema multinível, somada à indicação dos títulos e à definição de cada campo e subcampo da descrição, auxilia bastante na padronização".

4.5.2 Tabela de temporalidade de documentos

O art. 9º da Resolução Normativa n. 1.821/2007 do CFM esclarece que:

> Art. 9º As atribuições da Comissão Permanente de Avaliação de Documentos em todas as unidades que prestam assistência médica e são detentoras de arquivos de prontuários de pacientes, tomando como base as atribuições estabelecidas na legislação arquivística brasileira, podem ser exercidas pela Comissão de Revisão de Prontuários. (CFM, 2007)

As instituições de saúde privadas podem criar essa comissão interna e determinar, por exemplo, uma tabela de temporalidade de documentos, sendo instrumento norteador para a guarda documental da organização. Como documento dinâmico, sugere-se que seja instituída uma periodicidade de reavaliação/revisão.

Para a elaboração dessa tabela, será preciso contar com uma equipe multiprofissional que auxilie na busca do melhor formato, sendo indispensável a participação dos setores jurídico, administrativo, financeiro e de informática.

Para esse fim, compartilhamos a metodologia adotada na obra *Gestão documental aplicada*, seguida pelo Sistema de Arquivos do Estado de São Paulo (Saesp), escrita por Bernardes e Delatorre (2008), que norteiam a classificação documental inicial e indicam alguns campos para composição da tabela, conforme o exemplo na Figura 4.2.

Figura 4.2 – Tabela de classificação e temporalidade

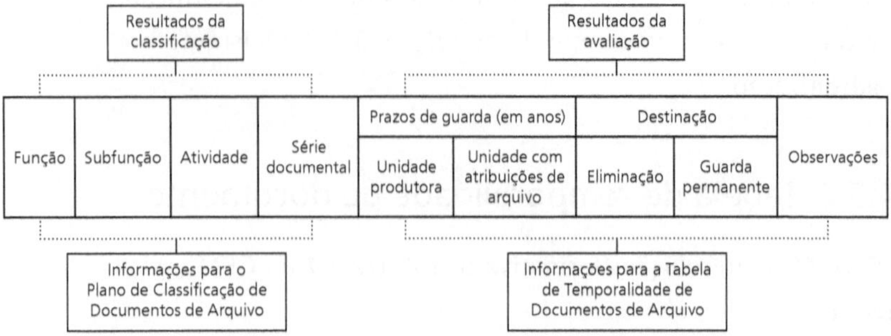

Fonte: Bernardes; Delatorre, 2008, p. 38.

Como visto na imagem, o plano de classificação apresenta informações referentes à sequência de operação técnica; para a temporalidade, são considerados dados de prazos de guarda e sua destinação final.

Na composição da Tabela de Temporalidade de Documentos de Arquivo, Bernardes e Delatorre (2008) orientam os seguintes campos de informação:

- **Atividades**: Descrever a atividade a que o documento está relacionado.
- **Documentos**: Realizar a especificação do documento que será guardado/arquivado.
- **Prazos de guarda**: Devem ser definidos na modalidade "em anos" e acessados de acordo com a legislação vigente e específica para cada série documental. Também é necessária a indicação do prazo pelo qual o documento deverá ser mantido nas unidades produtora (do documento) e de guarda do arquivo.
- **Destinação**: Após o prazo informado no campo de prazo de guarda, o campo "destinação" será utilizado para indicar se

o documento terá sua eliminação ou sua guarda permanente. Nesse sentido, devem-se considerar as seguintes definições:

- **Eliminação** – documentos que já cumpriram seus prazos e não apresentam justificativas para que sua guarda seja mantida;
- **Guarda permanente** – documentos que reúnem informações consideradas imprescindíveis à instituição. Além de valores administrativos, legais e fiscais, podem ter valor de prova e fonte de pesquisa; portanto, devem ser preservados.

- **Observações:** Campo destinado ao registro administrativo que se fizer necessário ou para algum detalhamento maior sobre o prazo ou a destinação.

É válido salientar que os dados relacionados à saúde não estão vinculados a uma especialidade, mas a todos os profissionais da área.

> A informação para a saúde é de natureza muito particular, e não se prende unicamente às questões referentes ao domínio da terapêutica médica, porém ao registro de todas as ações efetivadas por outros profissionais que se inserem nessa área, além daquelas que contribuem direta ou indiretamente para a qualidade no atendimento aos pacientes. Em realidade, diz respeito a todos os problemas que o setor de saúde enfrenta para a manutenção da normalidade referente ao estado da pessoa doente e contribui para o desenvolvimento de políticas públicas de informação no contexto da saúde. Sendo assim, esse tipo de informação contempla questões que dizem respeito às patologias (*per-si*), à saúde, à legislação, à gestão, à padronização, à nutrição, às condições socioeconômicas, ao credo, à educação, às tecnologias, à terminologia, além de outras. (Pinto; Soares, 2010, p. 15)

Nesse contexto, de acordo com a Resolução n. 1.821/2007 do CFM, no art. 7º, devem ser preservados os prontuários arquivados eletronicamente; o art. 8º determina o prazo de 20 anos, a partir do último registro, para os prontuários disponibilizados em papel.

Para saber mais

OLIVEIRA, C. W. da S. **Proposta de implementação do mapeamento de processos no setor de faturamento em hospital privado no município de João Pessoa/PB**. 51 f. Trabalho de Conclusão de Curso (Bacharelado em Administração) – Instituto Federal de Educação, Ciência e Tecnologia da Paraíba, João Pessoa, 2021. Disponível em: <https://repositorio.ifpb.edu.br/jspui/handle/177683/1828>. Acesso em: 11 jan. 2023.

Esse trabalho aponta como a gestão de documentos em faturamento compõe uma série de itens para que a tratativa das atividades ocorra de maneira apropriada, inclusive a avaliação da necessidade de adequação de processos.

Síntese

Discorremos, neste capítulo, sobre a importância da gestão de informações. Além da necessidade de armazenamento de dados para futuras e possíveis consultas, a gestão eficaz de dados impacta diretamente o crescimento financeiro da instituição. Com o advento da informatização, urge uma mudança de postura com relação aos meios de armazenamento dos dados, os quais, aos poucos, foram sendo inseridos em sistemas, facilitando sua busca e possibilitando a desocupação de espaços antes lotados por imensos arquivos.

Destacamos que o rigor quanto ao manuseio dos dados é essencial, uma vez que as informações são confidenciais e o direito ao sigilo absoluto é garantido por lei, podendo ser quebrado apenas em situações extremas e sob intervenção judicial. A gestão eficaz também pressupõe equalização de custos e qualidade da produtividade. Para tanto, disciplina, organização e trabalho em equipe são atributos imprescindíveis.

Ademais, vimos que o prontuário médico é um registro de todos os procedimentos a que o paciente foi submetido, o que fornece importantes subsídios, caso tratamentos posteriores sejam necessários.

Por fim, abordamos aspectos relativos ao tempo de armazenamento de determinados documentos – como os prontuários –, o que, a depender de sua relevância, pode chegar a 20 anos.

Questões para revisão

1. Choo (2003) afirma que o processo de transformação da gestão da informação passa pela cultura organizacional. Acompanhe as ações elencadas a seguir.

   I) Tomada de decisão.
   II) Criação de cultura organizacional.
   III) Criação de significados.
   IV) Construção do conhecimento.

   Compõem a organização da informação os itens:

   a) I e II.
   b) II, III e IV.
   c) I e IV.
   d) I, III e IV.
   e) I e III.

2. De acordo com a Resolução n. 1.821/2007 do CFM, por quanto tempo os prontuários eletrônicos de pacientes poderão ser guardados?
   a) 10 anos.
   b) 15 anos.
   c) 20 anos.
   d) 25 anos.
   e) Indeterminado.

3. A consulta médica tem início a partir do agendamento. Quando um paciente busca por um profissional médico, de certa forma, ele se encontra vulnerável. Logo, queixas e até vivências cotidianas podem fazer parte daquele momento e, mais do que isso, ele espera que haja confidencialidade a respeito do que será tratado. Nessa perspectiva, o sigilo médico está apenas relacionado ao testemunho profissional (falas durante a consulta)? Justifique.

4. O art. 2° do Estatuto da Criança e do Adolescente – ECA (Lei n. 8.069, de 13 de julho de 1990 – Brasil, 1990a) considera "adolescente aquela [pessoa] entre doze e dezoito anos de idade". O art. 3°, por sua vez, afirma que "a criança e o adolescente gozam de todos os direitos fundamentais inerentes à pessoa humana, sem prejuízo da proteção integral de que trata esta Lei". Com base nessas informações, considere que uma adolescente de 16 anos realizou uma consulta com a especialidade de ginecologia no hospital em que você é gestor hospitalar. A mãe dessa adolescente se dirigiu à recepção e exigiu que lhe fosse fornecido o prontuário da consulta. Como você deveria agir nesse caso?

5. Com base nos estudos deste capítulo, o que significa *eliminação* no que diz respeito ao tempo e à preservação de documentos?
   a) Validação e posterior descarte de documentos.
   b) Documentos que já cumpriram seus prazos e não apresentam justificativas para que sua guarda seja mantida.
   c) Guarda permanente dos documentos.
   d) Dispensa de verificações quando pais ou responsáveis solicitam um prontuário.
   e) Nenhuma das respostas anteriores está correta.

Questão para reflexão

1. Suponha que você esteja iniciando como gestor hospitalar em uma nova instituição de saúde. Ao realizar entrevistas, percebe que uma das deficiências do setor de faturamento é a falta de cobranças de alguns procedimentos e insumos que não estão lançados em sistema. Além disso, você se depara com prontuários manuais, que precisam ser analisados por um colaborador durante o dia e só posteriormente podem ser usados para fazer os lançamentos de cobranças. Nesse intervalo, os prontuários não são encaminhados para esses lançamentos e alguns até mesmo são perdidos. Como proceder para sanar esse problema?

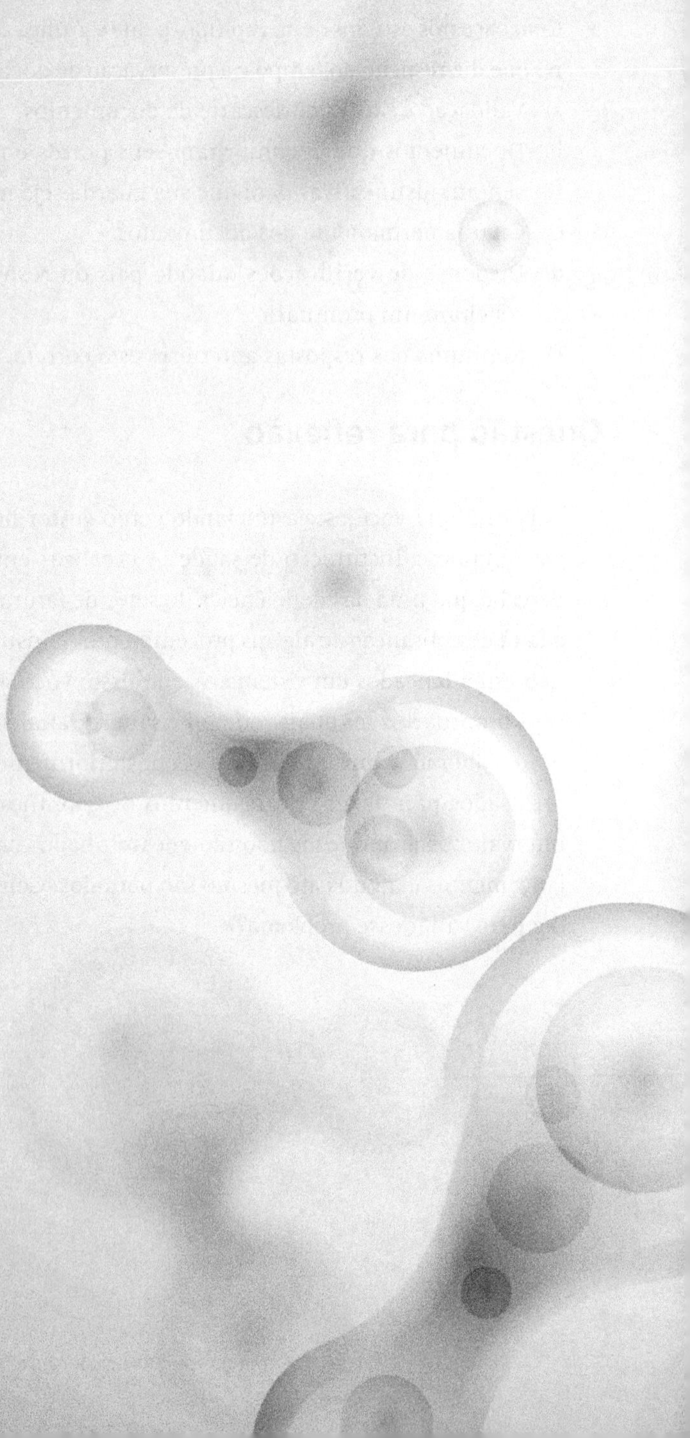

Capítulo 5

Glosas e cobranças

Conteúdos do capítulo:

- Definição de glosa.
- Elaboração de recursos de glosas.
- Práticas para redução de glosas.

Após o estudo deste capítulo, você será capaz de:

1. conceituar glosa e seus tipos e preveni-la;
2. praticar os cuidados necessários na elaboração do faturamento;
3. explicar o papel dos profissionais de enfermagem na produção de documentos para o faturamento;
4. reconhecer a importância dos indicadores e cuidar da preservação financeira das instituições de saúde.

5.1 Glosas: o que são e suas definições

Uma das principais metas dos gestores hospitalares é a redução de gastos. Na saúde suplementar, as sucessivas atualizações de regras e normativas impostas pela Agência Nacional de Saúde Suplementar (ANS) se tornaram um constante desafio para a gestão. As atualizações sistêmicas demandam valores para manutenção operacional, implementação, ressarcimento ao governo – quando se trata de atendimento no Sistema Único de Saúde (SUS) por parte de beneficiários vinculados a planos privados de assistência à saúde – e incorporação de novas tecnologias no rol de procedimentos e eventos em saúde. Com isso, o esforço para a redução de outras lacunas é fundamental.

A organização e o gerenciamento de custos médicos em uma instituição de saúde são de extrema importância. Outrossim, é preciso cuidado e vigilância para não comprometer a qualidade no atendimento, porque o objetivo é controlar gastos sem perder a eficiência e a qualidade no serviço prestado. Nessa direção, se houver falhas nas condições de trabalho e provisões inadequadas de materiais e equipamentos, o processo de cuidado do paciente pode se tornar um problema.

Em estudo sobre gerenciamento de gastos, Ivone Francisco e Valéria Castilho (2002, p. 240-241) alegam que:

> O crescimento exponencial dos custos em saúde está diretamente relacionado a uma série de fatores, tais como: o emprego de novas tecnologias; o aumento da expectativa de vida da população; o crescimento da demanda com a universalização do acesso à saúde; a escassez de mão de obra qualificada, acarretando baixa produtividade; a má gestão das organizações devido

à incapacidade administrativa dos profissionais de saúde; a não implantação de sistemas de controle de custos; e os desperdícios da cadeia produtiva, entre outros.

A ANS instituiu, no ano do seu 15º aniversário, a *Cartilha de Contratualização: glosa*, na qual explica que, em decorrência da Lei n. 13.003, de 24 de junho de 2014 (Brasil, 2014), a celebração de contrato por escrito é obrigatória entre as operadoras de planos de saúde e os prestadores de serviço em saúde, com o fito de garantir a transparência e o equilíbrio na relação entre as partes. O contrato prevê os casos de glosa, prazos para contestações e atendimento das operadoras às possíveis solicitações. Estabelece que não são permitidas regras em contrato que impeçam a contestação das glosas aplicadas por parte do prestador, bem como o acesso às justificativas apresentadas das glosas.

É importante citar que a ANS não estipula prazo para contestação de glosa ou pagamento dos serviços em caso de revogação da glosa nessa cartilha ou em outra regulamentação. Já com relação ao prazo de resposta das operadoras de planos privados de saúde, ela apenas orienta que essas informações precisam ser esclarecidas de acordo com o que foi estabelecido no contrato de prestação de serviços.

Em linhas gerais, a *Cartilha de Contratualização: glosa* explana que, na saúde suplementar, *glosa* significa a suspensão de pagamentos pelas operadoras de planos de saúde aos prestadores de serviços. Esses pagamentos podem ser referentes a consultas, atendimentos, medicamentos, materiais ou taxas cobradas por hospitais, clínicas, laboratórios e outros profissionais de saúde conveniados.

De forma geral, as glosas ocorrem quando os lançamentos de um atendimento realizado por um prestador de serviços não estão de acordo com seu contrato estabelecido com a operadora de plano de saúde ou com as regras por elas fixadas.

Em pesquisa sobre auditoria hospitalar, Santos e Rosa (2013, p. 127) explicam que

> Glosa significa cancelamento ou recusa parcial ou total de orçamento, conta, verba por serem considerados ilegais ou indevidos, ou seja, refere-se aos itens que o auditor da operadora (plano de saúde) não considera cabível para pagamento. [...] As glosas ou correções são aplicadas quando qualquer situação gerar dúvidas em relação às regras e práticas adotadas pela instituição de saúde. Quando elas ocorrem, observa-se conflito na relação entre convênio (plano de saúde) e prestador de serviços.

Santos e Rosa (2013) descrevem que as glosas médicas são classificadas em administrativas e técnicas:

- "As glosas administrativas são decorrentes de falhas operacionais no momento da cobrança, falta de interação entre o plano de saúde o prestador de serviço (instituição hospitalar)", ou, ainda, de "falhas no momento da análise da conta do prestador" (Santos; Rosa, 2013, p. 129,131).
- "As glosas técnicas estão vinculadas à apresentação dos valores de serviços e medicamentos utilizados e não aos procedimentos médicos adotados" (Santos; Rosa, 2013, p. 127).

As glosas são divididas em três principais tipos, que variam conforme a sua causa:

- **Glosa administrativa**: Geralmente, é mais comum e fácil de ser resolvida. Ela ocorre quando há um erro na conta de utilização do paciente. Podemos citar como exemplos:
  - ausência do número de liberação;
  - falta de preenchimento de campos essenciais na guia;
  - não envio de documentos comprobatórios de atendimento e utilização (nos casos em que são solicitados pela operadora de saúde);
  - erros de digitação;
  - valores das tabelas de procedimentos e eventos divergentes do que foi contratualizado;
  - cobrança de diária com valor superior ao que foi liberado pela operadora de saúde etc.
- **Glosa técnica**: Normalmente vinculada aos serviços prestados, acontece quando há divergência de informações no serviço assistencial ao paciente. Na grande maioria dos casos, a identificação e a justificativa desse tipo de glosa são feitas por auditores que conhecem os procedimentos para avaliar e apontar os itens faltantes e acrescentá-los à cobrança antes do envio para a operadora de plano de saúde. As causas mais comuns são:
  - ausência de prescrição médica para os itens descritos na cobrança da conta;
  - descrição no prontuário médico incompleta ou incorreta;
  - ausência de descrição, no prontuário médico, de materiais e medicamentos utilizados durante o atendimento/procedimento;

- desatenção quanto à checagem da medicação e ausência do profissional que realizou a aplicação/administração (nome e registro) etc.

- **Glosa linear**: Ocorre quando há ausência de informação que justifique o evento lançado em conta. Esse tipo de glosa está mais vinculado a ações não muito usuais e sem motivos, que não condizem com a realidade retratada nos registros, como condutas que fogem aos protocolos clínicos preestabelecidos.

A rejeição de contas acontece quando o recurso de glosa não apresenta evidências para ser acatado pela instituição de saúde; isso é frequente no caso de guias enviadas a título de faturamento ao SUS.

5.1.1 Principais erros que ocasionam glosas e as soluções relacionadas

As situações descritas com relação à ocorrência de glosas são comuns no cotidiano de uma instituição hospitalar em razão das peculiaridades desse tipo de organização, razão por que é preciso bastante atenção na execução dos registros. Controles eficientes durante a espera pela autorização resolvem grande parte das questões; mesmo assim, para tornar mais claro o processo, indicamos, a seguir, os principais erros que ocasionam glosas e como algumas soluções simples podem contribuir para a redução de problemas.

Falta de informações no prontuário ou registro do paciente

Embora saibamos que o prontuário é o documento que registra os procedimentos a que o paciente foi submetido na instituição de saúde e que, nele, devem constar todas as ações desenvolvidas pelos profissionais, temos consciência de que essa não é a realidade em muitos casos.

A desconformidade gera a glosa, uma vez que as anotações serviriam para comprovar a realização de determinados procedimentos e a utilização de insumos. Mesmo que o procedimento esteja liberado, se não for devidamente anotado no prontuário, a operadora de plano de saúde pode optar pela glosa e recusar-se a pagar, o que acarreta um passivo negativo para a instituição.

Como correção de problemas, há sistemas informatizados tanto para o médico no momento da realização da anamnese do paciente quanto para a área de enfermagem, para as marcações necessárias de usufruto de insumos (materiais e medicamentos).

Falta de prescrição de medicamentos e procedimentos

Outro gerador comum de glosas é a falta de prescrição, que é a comprovação da conduta médica adotada na ocasião. As formas de realização do registro do medicamento e do procedimento na prescrição, em conjunto com o prontuário, são subsídios para a comprovação da realização do evento. Sem o registro adequado, a probabilidade da negativa, mediante a glosa, aumenta consideravelmente.

Conforme citado no item anterior, com vistas a mitigar as falhas de ausência de prescrições, a solução seria um sistema informatizado para auxiliar e orientar o preenchimento de toda conduta médica e da enfermagem.

Ausência de checagem pela enfermagem

Os profissionais de enfermagem assistencial ocupam um papel muito importante, pois são eles que, na prática, descrevem como o médico assistente definiu a periodicidade da aplicação dos medicamentos. É de responsabilidade desses profissionais a determinação dos horários de aplicação dos medicamentos e efetiva administração. Essa checagem atesta que a conduta foi efetivada e que os medicamentos prescritos foram de fato utilizados. A ausência dessas marcações resulta em glosas.

Para as instituições de saúde, as glosas podem revelar inconsistência em seus processos e problemas em parametrizações sistêmicas, além da necessidade de treinamento da equipe técnica, que falha por falta de conhecimento, causando danos, pagamentos não recebidos e retrabalhos que poderiam ser evitados.

Diante dessa questão, é possível delinear protocolos de procedimentos utilizando por base a média dos procedimentos já realizados na instituição, facilitando à equipe de enfermagem a checagem no momento correto.

5.2 Ações de faturamento: recursos de glosas

Ainda nos baseando no estudo sobre auditoria hospitalar de Santos e Rosa (2013, p. 125):

> Na atualidade, para manterem-se no mercado competitivo, as instituições têm de aprender a associar baixos custos com excelência de qualidade para os seus clientes. Consequentemente, as instituições de cuidados de saúde têm sido compelidas a se organizarem como empresas, desenvolvendo visão de negócio para sobreviverem a estas mudanças no mercado. Esta tendência mundial tem exigido dos profissionais envolvidos habilidade na análise de custos para a prestação de serviços de saúde.

Sabemos que a complexidade das contas hospitalares, atreladas à especificidade do faturamento e ao serviço de auditoria, pode influenciar o tipo e a quantidade de glosas hospitalares.

Segundo Santos e Rosa (2013, p. 128), *glosa* "refere-se aos itens que o auditor da operadora (plano de saúde) não considera cabível para pagamento". Como vimos, as glosas podem ser classificadas em administrativas e técnicas. Independentemente de classificação, elas afetam diretamente o fluxo de caixa da instituição, pois diferentes insumos, medicamentos, materiais, equipamentos e mão de obra especializada de diferentes profissionais são aplicados nas operações de atendimento ao paciente. O pagamento dos serviços prestados é sempre efetuado após sua execução, prática que leva os órgãos a pagar antecipadamente pelos insumos primordiais às atividades assistenciais.

As glosas hospitalares trazem prejuízos ao prestador, pois, além de não receber pelos valores gastos, demanda horas de seus profissionais na averiguação e determinação de recursos com o propósito de reaver as perdas financeiras. Desse modo, conclui-se que, quanto melhores forem as anotações da enfermagem no prontuário do paciente, menores serão os riscos de glosas a que as instituições poderão ser expostas (Garcia; Viana; De Bragas, 2015).

As inconformidades nos registros dificultam a auditoria e podem levar às glosas hospitalares, definidas como falta de pagamento parcial ou total do atendimento ou evento realizado (Hess, 2010). Hess (2010) enfatiza que o principal elemento de avaliação da auditoria são as anotações de enfermagem no prontuário do paciente.

Segundo Rocha et al. (2013), existe a preocupação também por parte dos profissionais de enfermagem em unir a gestão de qualidade e a assistência; por isso, esses profissionais têm buscado mais preparo e melhor desempenho para corresponder às exigências dos pacientes e do mercado.

A auditoria em enfermagem está associada à avaliação sistemática da qualidade da assistência prestada, por meio das anotações no prontuário ou das próprias condições do paciente. Assim, por intermédio das auditorias, podemos sugerir atitudes preventivas e corretivas.

Morais, Gonçalves e Amaral (2017, p. 80) esclarecem que existem dois tipos de auditoria: 1) a de cuidados, que "mensura a qualidade da assistência em enfermagem através dos registros de enfermagem no prontuário do paciente"; e 2) a de custos, que "confere e controla o faturamento enviado para os planos de saúde, através dos registros de procedimentos realizados, visitas de rotina e cruzamento das informações recebidas com as que constam no prontuário".

As instituições de saúde podem reaver o valor dos itens glosados, tanto as glosas técnicas como as administrativas, por meio do recurso de glosa, uma "maneira de recuperar descontos indevidos e corrigir ou detectar erros de faturamento" (Ferreira et al., 2009, p. 41). Entretanto, como ressalta Novy (2019), mesmo que o recurso seja acatado, o intervalo de tempo entre o atendimento e o efetivo recebimento trará prejuízo para a instituição de saúde.

As glosas podem ser identificadas em dois momentos específicos, a saber – antes da auditoria e após a conta ter sido enviada ao convênio.

- **Pré-auditoria**: Após passar pelos crivos do faturamento, a conta é encaminhada para a Auditoria Interna de Contas, que confere se todos os itens discriminados na conta, de fato, foram prescritos pelos médicos e executados pelos profissionais de enfermagem ou por outro profissional da área da saúde – o fisioterapeuta, por exemplo (Mühlhausen; Garcia, 2012).

- **Pós-auditoria**: Muitas divergências são acertadas neste momento, no qual a regra que prevalece é a da prescrição médica (Mühlhausen; Garcia, 2012).

Para que o recurso de glosa seja deferido, é essencial observar os demonstrativos gerados pelas operadoras com a lista das glosas, bem como proceder à análise minuciosa das glosas pelo setor responsável por esses recursos.

Ao se constatar que a glosa é devida, é necessário autorizar a operadora a descontar o valor do demonstrativo de pagamento. Quando uma glosa for indevida, será preciso protocolar o recurso, especificando-se cada item não acordado. É imprescindível evidenciar o que seria o correto para a situação e reenviar o demonstrativo para a operadora, que procederá à análise dos materiais enviados para recurso da glosa.

Nos casos em que o prestador identificou, no demonstrativo, o deferimento da glosa, o valor será mantido em sistema e, no pagamento ao prestador, o valor será descontado. Já nos casos em que o prestador apresentou um recurso, a operadora irá analisar as justificativas e evidências. Havendo concordância em relação aos itens apresentados, ocorrerá o ajuste do valor, para o pagamento integral do evento ao prestador. Não havendo consenso quanto à glosa, mantém-se o valor e o pagamento é debitado do valor da glosa. Em muitos casos, o prestador poderá solicitar uma reavaliação, entretanto, o resultado dependerá do contrato firmado entre as partes.

Para que o hospital consiga controlar as glosas, deve haver um setor de recursos competente e capacitado, pois, além de fornecer subsídios, ele deverá descrever os itens reprovados pela operadora e os motivos da recusa, bem como controlar as glosas recebidas e aferir se a quantidade de recursos solicitados foi efetiva, avaliando o saldo devedor da operadora, para, então, negociar as possíveis pendências (Vaz, 2018).

É salutar que a organização hospitalar mantenha, em caráter permanente, um comitê de glosas com o propósito de manter o controle estratégico das glosas absolutamente em dia e de estabelecer um canal permanente de contato com as operadoras de serviços, a fim de que o inconveniente das glosas possa ser minimizado.

5.3 Como a enfermagem pode auxiliar na redução de glosas?

Como já comentamos em outras passagens, as mudanças constantes são evidentes na sociedade contemporânea, desenhando novos rumos para a atuação do enfermeiro, que deve ser guiado pelo conhecimento e se desenvolver pela prática da reflexão crítica. A evolução da tecnologia e do acesso à informação redefiniu a prestação de serviços e os parâmetros do comportamento social.

Manzo, Brito e Corrêa (2012) argumentam que, no cenário brasileiro, influenciado pela economia globalizada, as grandes organizações não admitirão a coexistência de altos custos e má qualidade, tendo em vista o fato de que gastos elevados e mortalidade crescente resultam em despesas com retrabalho e prejuízos com processos ineficientes. Além disso, a imagem da organização da saúde é afetada perante a sociedade, acarretando a perda de clientes e de espaço no mercado.

Munhoz, citado por Furukawa et al. (2018, p. 215), explica que "as instituições de saúde passaram a exigir um perfil de enfermeiros preparados para subsidiar serviços diferenciados com menor custo, mas com excelência de qualidade". Em seguida, Furukawa et al. (2018, p. 215) enfatizam que,

> tendo em perspectiva o movimento mundial pela qualidade, a preocupação da saúde em ocasionar a melhoria da assistência ofertada à população, e a importância do serviço de enfermagem para efetivação de tal assistência, é imprescindível aderir a um sistema de análise consecutivo e sistematizado, para melhorar gradualmente a qualidade dos cuidados de enfermagem.

Embora as glosas ocorram por diversas causas, Novy (2019) explica que, em cada glosa, o enfermeiro auditor deve intervir, com vistas a recuperar as perdas monetárias da instituição assistencial, por meio dos recursos. Novy (2019, p. 15) aponta que, "a cada recurso, o enfermeiro auditor deverá buscar documentos para esclarecer todos os aspectos da assistência prestada ao paciente, documentando e justificando os itens que foram glosados".

Novy (2019) menciona ainda que, no Brasil, a auditoria médica e a de enfermagem surgiram na década de 1970. A partir de então, muitos e novos enfermeiros têm sido incorporados às atividades, nos setores público e privado, tornando-se uma das maiores classes profissionais do país.

Considerando-se a crescente segmentação da área de saúde, a atuação desses profissionais é submetida a constantes revisões, com vistas à evolução. Atualmente, as instituições de saúde encontram-se abertas às mudanças, baseadas na premissa de que qualidade e segurança na assistência prestada aos pacientes são fundamentais para a continuidade do negócio; por esse motivo, não se opõem à incorporação dos enfermeiros auditores nos processos relacionados à assistência prestada.

O Conselho Federal de Enfermagem (Cofen), por meio da Resolução n. 266, de 5 de outubro de 2001 (Cofen, 2001), aprovou as atividades do enfermeiro auditor. Entre os objetivos da auditoria de enfermagem, podemos citar: "normatizar, orientar, disciplinar, racionalizar e identificar as deficiências existentes nos registros hospitalares, intervindo diretamente nos gastos e glosas desnecessários, principalmente nos setores mais críticos" (Rodrigues et al., 2018, p. 2662).

Para Novy (2019), trabalhar em auditorias de enfermagem em instituições públicas e privadas constrói uma estrutura consistente de conhecimento sobre possíveis recursos e aspectos que podem dificultar ou facilitar o trabalho do enfermeiro auditor. Nos hospitais, o papel do enfermeiro é cada vez mais amplo, a partir do processo de faturamento hospitalar; por meio da auditoria de contas, ele analisa toda a documentação dos serviços prestados para evitar problemas com os pagadores no recebimento. Além disso, os enfermeiros têm potencial para atuar de forma educativa dentro da equipe de saúde para reduzir o mascaramento e, assim, favorecer resultados financeiros mais satisfatórios.

Para Santos e Rosa (2013), as auditorias hospitalares fornecem elementos para controle de custos, exame e controle de faturas enviadas às operadoras de planos de saúde, verificação de exames e procedimentos realizados, acompanhamento de pacientes internados e organização de treinamentos em áreas afins. No lado financeiro, isso facilita a avaliação do processo de faturamento e o monitoramento das métricas operacionais de uma organização antes do fechamento do pagamento.

Os autores enfatizam que o envolvimento dos profissionais de enfermagem colabora na condução do fluxo de documentos – como pontos focais, podem-se considerar anotações nos prontuários do paciente e faturamento de contas nos sistemas – e no processo de glosas contratuais e administrativas, até mesmo com o cruzamento entre informações recebidas e aquelas contidas no prontuário do paciente (Santos; Rosa, 2013).

Ceccon et al. (2013) defendem a necessidade de um enfermeiro na auditoria em saúde, tendo em vista a relação direta das atividades assistenciais e o conhecimento técnico desses profissionais. As atribuições dos enfermeiros gestores foram direcionadas para organização dos cuidados do paciente (realizada pela equipe de enfermagem), sistematização das técnicas de enfermagem, organização do ambiente terapêutico, treinamentos com as equipes e aplicação das ferramentas de gestão. Com isso, o profissional enfermeiro é incumbido de coordenar atividades assistenciais, gerenciais e de liderança de pessoal (Tannure; Pinheiro, 2010).

Dias et al. (2011, p. 935), em estudo sobre auditoria em enfermagem, constataram que as principais distorções e inconformidades presentes nas anotações de enfermagem estão relacionadas:

> À solicitação e aprazamento da administração de medicamentos
> Letra pouco legível e rasuras
> Falta de checagem na prescrição médica e de enfermagem
> Anotações extensas e pouco específicas
> Condições de pacientes, necessidades terapêuticas, organização da unidade e conforto do paciente
> Falta de registro/registros incompletos da realização de curativos
> Anotações por turno e não por horário

Para evitar erros e intepretações indevidas, as evoluções dos pacientes precisam ser apontadas sem erros ortográficos ou de digitações, atribuindo clareza às informações (Cunha; Barros, 2005).

Claudino et al. (2013, p. 398) enfatizam que os "registros de enfermagem estão vinculados à grande parte do pagamento de materiais, medicamentos e procedimentos, principais fontes de lucratividade das instituições hospitalares. Assim, o principal meio de assegurar o recebimento do valor gasto é através das corretas anotações de enfermagem", com consistência no conteúdo e legíveis.

Em pesquisa sobre anotações de enfermagem, Luz, Martins e Dynewicz (2007, p. 359) defendem que "a anotação objetiva e criteriosa é garantia de menores perdas econômicas, além de ser um requisito válido para a defesa legal no ponto de vista jurídico".

Segateli e Castanheira (2015) fazem algumas recomendações:

- Investimento por parte das instituições de saúde na educação continuada dos colaboradores, ratificando a importância e o ganho em usar os recursos para o registro dos pacientes.
- Atualização constante do enfermeiro auditor a respeito do tema, que deve acompanhar a equipe com o objetivo de identificar as consistências e inconstâncias dos processos.
- Estímulo à equipe de enfermagem para buscar melhorias na qualidade e a correção dos erros particularmente reconhecidos.
- Parceria entre as equipes, além da comunicação com foco no atendimento abrangente ao paciente.

5.4 Indicadores para melhoria de *performance*

Os indicadores de gestão são essenciais nas atividades de monitoramento e avaliação das instituições. Para Bernardes (2006), constituem ferramentas empregadas para descrever ou ilustrar de forma concisa as principais características de um objeto de análise. Em termos quantitativos, podem representar informações sobre o grau de eficiência e o de eficácia alcançados pela organização.

Essa métrica conta uma história e, quando colocada em contexto, reforça uma frase ou um argumento. Na prática, são essas métricas que dão vida às estatísticas. Quando as estatísticas se tornam indicadores, elas são divididas em: proporções, porcentagens, razões e índices (Santos; Castaneda; Barbosa, 2011).

Fernandes (2004) argumenta que os indicadores são um elemento do processo de construção do amanhã, fornecendo às organizações radiografias do passado próximo e distante, além de informações sobre cenários futuros. Eles são agentes que traduzem as informações para todos os interessados de forma específica e universal. Isso é asseverado por Gonçalves (2006).

Qualquer que seja a definição, a métrica deve ser entendida como uma ferramenta essencial de gestão, auxiliando no monitoramento e na avaliação organizacionais. Nesse sentido, o indicador descreve o verdadeiro estado do evento e seu comportamento e analisa as informações presentes, tendo como base as anteriores para, então, realizar as proposições avaliativas e sugerir orientações em ações estratégicas. Em suma, são essenciais para proporcionar informações mensuráveis que permitam descrever a realidade organizacional.

Segundo Slack, Chambers e Johnston (1997), para atingir a complexidade estratégica, é preciso aplicar diversos indicadores como instrumentos de gestão, o que aumenta o conhecimento sobre pontos críticos desta, permitindo a avaliação contínua e eficaz desses procedimentos (Prahinski; Benton, 2004).

Spiller et al. (2009) explicam que os indicadores de desempenho ajudam a definir e monitorar as ações gerenciais em um processo e, ao possibilitarem a quantificação de resultados, revelam a propriedade das ações em termos de metas e objetivos organizacionais.

Damasceno e Alves (2020, p. 3) ressaltam que:

> o uso de indicadores de saúde em serviços hospitalares deve considerar aspectos importantes para seu uso como, por exemplo, a validação, viabilidade de cálculo, simplicidade, especificidade e pertinência para que possam ser utilizados dentro de uma determinada situação, sendo que há a necessidade de uma comparação mais pragmática com as realidades internas e externas do serviço de saúde.

Kayano e Caldas (2002, p. 7) explicam que, na prática da construção de um indicador, devemos observar alguns parâmetros, entre os quais:

- Comparabilidade – Os indicadores devem permitir a comparação temporal e espacial. Surge um problema: generalização versus individualização dos indicadores. Quanto mais generalizado o indicador, maiores são as possibilidades de comparações com outras relidades. Por outro lado, quanto menos generalizados, maiores são as possibilidades de individualizar e medir determinadas especificidades locais. Neste caso, entretanto, haverá maior dificuldade na comparação;
- Disponibilidade da informação – As bases de dados devem ser acessíveis e, de preferência, devem constituir séries históricas, para permitir, ao mesmo tempo, a comparação entre fatores (fotografias de pessoas diferentes), e evolução no tempo do desempenho (fotografia de uma mesma pessoa em diferentes épocas);
- Normalizados – Os resultados dos indicadores devem ser traduzidos para uma escala adimensional. Esse procedimento permite uma mescla entre diferentes indicadores;

- Quantificáveis – Os indicadores devem ser traduzidos em números, sem o demérito da análise qualitativa. Aliás, os indicadores quantitativos devem facilitar uma análise qualitativa do desempenho da gestão.
- Simplicidade – O indicador deve ser de fácil compreensão. Deve-se observar, entretanto, que os indicadores são tentativas até pretensiosas de retratar ou expressar de maneira muito sintética determinados fenômenos e processos complexos.

Para Casagranda (2011), a melhoria do desempenho pode ser motivada por meio do acompanhamento e da medição dos processos organizacionais, sendo possível priorizar as ações para atuação nesses pontos, os quais, sem a devida gestão, ficariam desassistidos.

Podemos observar a seguir um exemplo de indicador referente ao recurso de glosa:

> O indicador % de Glosa mede o percentual de glosa com relação ao valor faturado no mês, tendo como meta o percentual de 2%. Essa informação pode ser medida também monetariamente, dessa forma poderiam ser empregados dois indicadores, Valor de Glosa e % de Glosa, o que melhoraria a visualização também do montante de recursos não recebidos. (Gasparetto; Dornelles, 2015, p. 68, grifo do original)

Com o acompanhamento de dois indicadores, o valor da glosa e sua porcentagem, é possível medir e avaliar o processo de modo a identificar as estratégias necessárias para reduzir as glosas recebidas, bem como auxiliar na auditoria em faturas.

Magalhães (2004), baseando-se nos estudos da European Environment Agency (1999) e da Federation of Canadian Municipalities (2002), disponibiliza a classificação de indicadores por função e por nível de análise.

Os indicadores por função são:

- Descritivos: Descrevem, caracterizam um determinado tópico. Refletem como está a situação atual, sem referência de como deveria ser;
- Desempenho ou Eficácia: Comparam as condições atuais com uma série de valores de referência, a exemplo de metas ou resultados esperados;
- Eficiência: Possibilitam a avaliação da eficiência das ações entre, refletindo qual a relação, quantitativa e qualitativa, entre meios empregados e resultados obtidos;
- Global: São os mais abstratos e sintéticos dos indicadores. São, em geral, índices, agregações de diversos indicadores transmitindo uma visão geral sobre o tópico tratado. (Magalhães, 2004, p. 26)

Já os indicadores por nível de análise abrangem os níveis:

- Operacional: São em geral dados desagregados sobre determinado objeto que é usado nas decisões do dia a dia;
- Tático ou funcional: São resultados da análise de indicadores operacionais diversos, mas relacionados a fim de se obter uma visão geral sobre determinado tópico, utilizado em níveis intermediários de decisão.;
- Estratégico: Permitem avaliações globais de objetivos e/ou ideais mais amplos, utilizados nos níveis mais altos de decisão. (Magalhães, 2004, p. 27)

Lima, Antunes e Silva (2015, p. 63), citando Branco (2001), esclarecem que:

> A gestão da saúde requer a tomada de decisões de elevada responsabilidade e relevância social. As informações providas pelos indicadores de saúde fornecem o embasamento necessário ao planejamento, à execução e à avaliação das ações realizadas, na medida em que propiciam o conhecimento sobre aspectos relevantes da população, reduzem o grau de incerteza sobre sua situação de saúde e apoiam a busca de possíveis soluções e providências.

Branco, citado por Lima, Antunes e Silva (2015, p. 63), ainda enfatiza que os gestores têm a missão de tomar decisões e, para que que sejam racionais e eficientes, devem ter suporte e estarem apoiados em indicadores consistentes; desse modo, a tomada de decisão desmembrará as informações em ações. Segundo Campbell et al., citados por Gonçalves (2006, p. 2), os "indicadores não proporcionam respostas definitivas, mas indicam problemas potenciais ou boas práticas do cuidado".

Preste atenção!

Os indicadores são instrumentos de medida dos resultados de uma empresa. Com eles, é possível acompanhar se os objetivos estratégicos estão sendo atingidos, detectar pontos fortes e fracos e promover mudanças para melhor adaptação, sendo subsídios para o aprimoramento contínuo dos serviços prestados.

5.5 Boas práticas alcançam bons resultados

Em um contexto de crise econômica, o alto custo do setor de saúde, aliado a outros fatores negativos, como o impacto da pandemia de covid-19, têm levado as organizações – em especial os hospitais – a repensar seus modelos, visando à própria permanência (ANAHP, 2021).

Nesse contexto, podemos dizer que a necessidade de se reinventar e buscar novas experiências no modelo assistencial proporcionará a sustentabilidade das organizações, fornecendo visão ampla sobre os serviços, além de agregar valor para o paciente e o sistema. A dificuldade de acesso aos dados padronizados para a tomada de decisões é um fator de grande preocupação, visto que, com a visão antecipada da situação, podemos prever ações para o enfrentamento.

A Associação Nacional de Hospitais Privados (Anahp) é uma entidade representativa dos "principais hospitais privados de excelência do país. Criada em 11 de maio de 2001, [...] surgiu com o intuito de defender os interesses e necessidades do setor, bem como expandir melhorias alcançadas pelas instituições privadas para além das fronteiras da Saúde Suplementar" (Anahp, 2022a). Até o mês de abril de 2022, a associação contava com 135 membros (Anahp, 2022b).

Na edição do *Observatório 2022*, a Anahp apresentou dados importantes com relação às glosas e aos prazos médios de pagamento pelas operadoras de saúde. Segundo a publicação, "o índice de glosas, medido como proporção da receita líquida, foi de 3,76% em 2021, representando uma tendência de queda em relação a 2020" (Anahp, 2022b, p. 145). O Gráfico 5.1 ilustra esses dados.

Gráfico 5.1 – Índice de glosas (% da receita líquida) – média dos hospitais

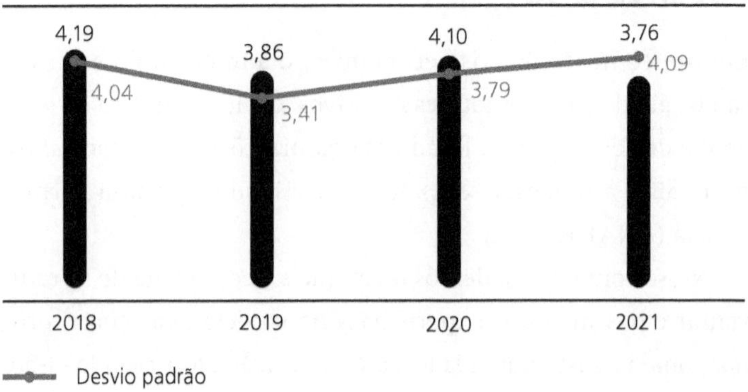

Fonte: Anahp, 2022b, p. 145.

De acordo com a Anahp (2022b), o prazo médio de pagamento foi de 43,27 dias em 2021, também considerado um prazo longo, ficando inferior apenas à quantidade de dias em 2020, que foi de 45,89, como indica o Gráfico 5.2.

Gráfico 5.2 – Prazo médio de pagamento (dias) – média dos hospitais

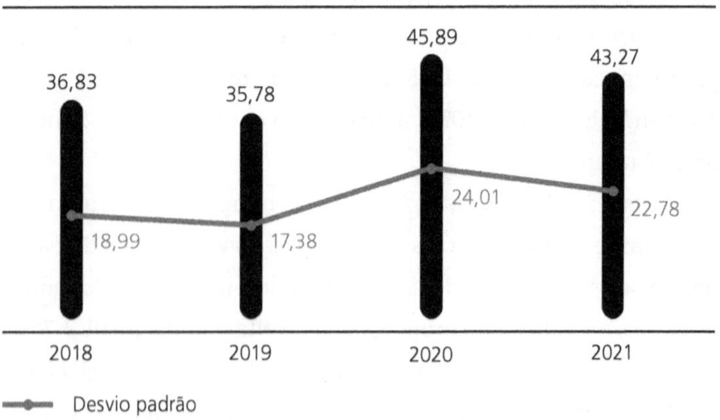

Fonte: Anahp, 2022b, p. 145.

Esses dados atestam a importância da implementação de condutas adequadas e eficientes para que os índices possam ser mudados. Ciente dessas informações, o gestor hospitalar poderá instituir programas de aperfeiçoamento, instruir sua equipe de trabalho e definir ações que promovam a redução das perdas e a prevenção de sanções legais. Com o propósito de ajudar a diminuir a incidência de glosas, citaremos algumas medidas que podem ser eficientes evitando prejuízos.

5.5.1 Implantação de um prontuário eletrônico

O prontuário contém inúmeras informações valiosas para o envio de cobranças, comprovações de realização de eventos, procedimentos e de uso de materiais e medicamentos. A inserção manual dessas informações pode resultar em falhas que geram as glosas. O prontuário eletrônico permite conferências de procedimentos com itens mais críticos, agiliza o processo de autorização de eventos, possibilita inserir anexos e informações complementares, elevando, desse modo, o desempenho da instituição.

5.5.2 Digitalização de processos

Para que o paciente possa solicitar à sua operadora de saúde a autorização para a realização de eventos, ele necessita de uma requisição médica; antes disso, precisa passar por uma consulta. Para tanto, um sistema de gestão que viabiliza a impressão de uma guia totalmente preenchida economiza tempo no atendimento e evita que as informações se percam.

5.5.3 Realização de auditorias internas

Auditorias internas podem identificar falhas e auxiliar na elaboração de controles para mitigá-las. Ademais, colaboram para a remodelagem de processos, otimizando o trabalho, deixando-o mais claro e eficiente.

5.5.4 Capacitação dos colaboradores

A capacitação dos colaboradores precisa ser vista pelo gestor hospitalar como um investimento para a instituição. É necessário que o colaborador compreenda o que está fazendo e os motivos, bem como o impacto de seu trabalho na cadeia como um todo. Nos casos de grandes instituições, como as hospitalares, por exemplo, a ausência de conhecimento técnico acarreta desperdício de tempo e recursos.

5.5.5 Submissão às leis que regulamentam o setor da saúde

Permanecer atento às constantes atualizações do setor de saúde trará resultados positivos, já que a prevenção pode ser instaurada antes mesmo da vigência de alguma obrigatoriedade. Engana-se quem pensa que a ANS regula apenas as operadoras: qualquer atualização no Padrão Tiss (Troca de Informações na Saúde Suplementar) é instruída por esse órgão e, sem dúvida, alcançará os prestadores de saúde.

5.5.6 Contratos de serviços em saúde

No Capítulo 3 deste livro, explicamos a necessidade e a obrigatoriedade de contratos escritos entre os prestadores de serviço em saúde e as operadoras de saúde. Seguir a regulamentação que norteia esse processo gerará o alinhamento com a fonte pagadora.

Seguidas todas as regras, as negociações com as instituições (na maioria dos casos) trarão os dividendos esperados. Estabelecer acordos que sejam benéficos para ambas as partes proporcionará um ótimo relacionamento comercial, fazendo com que a saúde financeira da instituição de saúde e a da operadora não sejam afetadas e, por consequência, o atendimento ao paciente seja prestado sem intercorrências.

É importante que a equipe de auditoria compartilhe esses componentes periodicamente com os demais colaboradores envolvidos no processo, visando à melhoria contínua das boas práticas.

Para saber mais

RODRIGUES, J. A. R. M. et al. Glosas em contas hospitalares: um desafio à gestão. **Revista Brasileira de Enfermagem**, v. 71, n. 5, p. 2658-2666, 2018. Disponível em: <https://www.scielo.br/j/reben/a/qG63bghrq8KRFjjz5ryMs3D/?format=pdf&lang=pt>. Acesso em: 11 jan. 2023.

Trata-se de um estudo com relação às glosas técnicas e administrativas realizadas por uma operadora de saúde em contas hospitalares. As autoras contextualizam a saúde suplementar, bem como explicam as glosas, a metodologia de pesquisa e os resultados identificados. Essa é uma leitura fácil e que ampliará seus conhecimentos.

Síntese

Neste capítulo, apresentamos a definição de *glosa*, que, em linhas gerais, pode ser entendida como a inadimplência tanto da parte das operadoras (que podem contestar a consistência e a veracidade das informações contidas no prontuário) quanto em relação aos prestadores de serviços. As glosas podem ser administrativas e/ou técnicas. Para a superação dessas intercorrências, enfatizamos a importância de informações completas nos prontuários, prescrições adequadas de medicamentos e procedimentos e revisão por parte da enfermagem.

Discorremos sobre as ações de faturamento, ressaltando que, para evitar o recurso de glosas, as auditorias preventivas são primordiais, pois nelas são feitas as conferências de todos os dados discriminados nos prontuários. Abordamos a relevância dos indicadores para o processo de instauração de medidas que visam ao gerenciamento das instituições de saúde, pois, por meio deles, é possível analisar a situação presente e projetar estratégias para o futuro. Os parâmetros essenciais à construção de um bom indicador são a comparabilidade, a disponibilidade de informações, a normalidade, a quantificação e a simplicidade.

Encerramos o capítulo com uma exposição acerca de atitudes preventivas para elevar a qualidade da gestão. As ações elencadas foram: 1) implantação de prontuários eletrônicos; 2) digitalização de processos; 3) realização de auditorias internas; 4) capacitação dos colaboradores; 5) submissão às leis que regulamentam o setor de saúde e 6) necessidade de contratos que normatizem a prestação de serviços de saúde.

Questões para revisão

1. Apenas poderá auxiliar na auditoria de uma conta hospitalar quem vivencia o cotidiano dos processos e procedimentos, conferindo a veracidade dos fatos e atestando que as descrições ali contidas estão de acordo. Ceccon et al. (2013) enfatizam a importância da presença do enfermeiro nas atividades de auditoria em saúde. Por que esse profissional é recomendado para essas tarefas?

2. Indicadores são essenciais para as atividades práticas e estratégicas. Com eles, o gestor hospitalar pode avaliar o andamento da instituição, identificar melhorias e aperfeiçoar processos. No que se refere à sua classificação, o operacional, o tático e o estratégico são considerados:
   a) indicadores por nível de análise.
   b) informações prestadas.
   c) indicadores por função.
   d) indicadores de eficiência.
   e) indicadores operacionais.

3. Qual a função de um setor de recursos de glosas?

4. Considerando a importância e a confidencialidade do prontuário do paciente e sua utilização no momento do faturamento, analise as afirmações a seguir e julgue-as verdadeiras (V) ou falsas (F).
   ( ) O prontuário é um documento que não demonstra a vida assistencial do paciente dentro da instituição de saúde.
   ( ) É de responsabilidade do enfermeiro assistencial a revisão da administração de medicamentos.
   ( ) A ausência de prescrição de medicamentos e procedimentos não gera glosas.

Assinale a alternativa que apresenta a sequência correta:

a) V, F, V.
b) F, V, F.
c) V, V, V.
d) F, V, V.
e) F, F, F.

5. O impacto da pandemia de covid-19, aliado ao contexto de crise econômica e ao alto custo do setor da saúde, requer uma atitude inovadora e novas experiências no modelo assistencial para garantir a perenidade das organizações, principalmente as hospitalares. Nesse contexto, o risco de glosas afeta o caixa da instituição diretamente. Assinale a alternativa que indica a(s) ação(ões) para a redução da incidência de glosas:
   a) Contratos escritos com prestadores de serviços em saúde.
   b) Capacitação dos colaboradores.
   c) Realização de auditorias internas.
   d) Digitalização de processos.
   e) Todas as alternativas anteriores estão corretas.

Questão para reflexão

1. Como gestor hospitalar, quais estratégias você adotaria para diminuir, ao menor número possível, a ocorrência de glosas?

Capítulo 6

Controles internos e auditoria

Conteúdos do capítulo:

- Conceito e benefícios da auditoria interna.
- Características da auditoria em saúde.
- Aplicabilidade dos controles internos.

Após o estudo deste capítulo, você será capaz de:

1. discorrer sobre o conceito, a necessidade e os benefícios da auditoria para uma organização;
2. demonstrar a importância dos controles internos como proteção ao patrimônio das instituições;
3. reconhecer a importância do trabalho em equipe e da comunicação interna.

6.1 Auditoria interna

Os auditores internos visam ajudar as organizações a eliminar desperdícios, simplificar tarefas e reduzir custos. Além dos objetivos de negócios tradicionais de otimizar os lucros e responder às mudanças nas demandas do mercado, as empresas estão enfrentando novas situações que as levam a focar cada vez mais na eficiência dos recursos. Nesse sentido, a auditoria interna é "uma função de apoio à gestão" que, "além de importante, tornou-se essencial no mundo empresarial atual" (Martins; Morais, 1999, p. 1-2).

Há muito tempo, a auditoria interna já era identificada como necessidade, mesmo antes de receber essa nomenclatura, como podemos ver a seguir:

> As atividades econômicas e as empresas têm crescido em tamanho e complexidade, a ponto de ser completamente impossível, para uma só pessoa, ou mesmo um grupo de pessoas estar em contato com todas as fases das operações de uma grande empresa. Isto tornou a contabilidade e os dados contábeis bem mais importantes. Somente através da cuidadosa coleta e do relatório interpretativo de fatos econômicos selecionados pode a administração ser mantida informada do desenvolvimento, atividades e resultados das várias operações que ela inicia. (Mautz, 1980, p. 540)

Como sabemos, a auditoria é um controle administrativo, com a função de medir e avaliar a eficácia de outros controles. A auditoria surgiu em razão da demanda (e importância) por informações claras e objetivas que contribuam na tomada de decisão gerencial. Inicialmente criada para a área contábil, há muito tempo tornou-se um apoio à tomada de decisões integrante e fundamental de todas as organizações, como prática de controle interno.

> Etimologicamente, o termo auditoria deriva-se do latim audire, que significa ouvir. Inicialmente foi traduzido pelos ingleses como auditing, para designar termos técnicos para a revisão dos registros contábeis, mas atualmente o entendimento de seu sentido é mais amplo e consiste na ação independente de confrontar determinada condição com um critério preestabelecido, que se configura como a situação ideal para que se possa opinar ou comentar a respeito de algo ou de alguma situação. (Souza; Dyniewicz; Kalinowski, 2010, p. 71)

A função básica dos auditores é avaliar a estrutura de controles internos para conferir os procedimentos executados e a eficácia desses controles no processo.

As auditorias podem ser classificadas segundo vários critérios; aqui, as distinguiremos quanto ao objetivo estabelecido e quem as realiza. Quanto ao **objetivo estabelecido**, existem vários tipos de auditoria, destacando-se as auditorias de contas, situação financeira e de gestão. Com relação a **quem as realiza**, temos as auditorias internas e externas – apesar de recorrem a metodologias e técnicas idênticas, apresentam objetivos diferentes.

> Existem semelhanças entre as auditorias, interna e externa, ao utilizarem metodologias e técnicas comuns ou idênticas, tais como planear, programar e calendarizar os seus trabalhos, elaborar e utilizar "checklists" e questionários sobre aspectos a abordar e os designados "papéis de trabalho", ambas identificam, analisam e avaliam procedimentos de controlo interno, realizam testes, identificam insuficiências, erros e anomalias e avaliam os riscos que lhe estão associados e elaboram relatórios, nos quais fazem as suas apreciações, formulam sugestões e apresentam propostas corretivas a adotar com vista a resolver ou a minimizar as deficiências encontradas. (Marques, 1997, p. 53)

A diferença entre as auditorias diz respeito ao contrato entre os profissionais e a entidade; por exemplo, para auditoria externa, o profissional também é externo, e as regras são aquelas praticadas pela entidade auditada.

Ancorando-se em Marques (1997), Taborda (2015) explica que, enquanto as responsabilidades básicas do auditor externo estão definidas por lei, as funções de auditoria interna variam conforme as entidades, motivo que faz com que o trabalho do auditor interno seja mais difícil de definir do que o do externo.

Franco e Reis (2004, p. 969) explicam que:

> Cabe à auditoria convencer ao mais alto escalão da Entidade que pode auxiliá-la no crescimento dos negócios ao identificar os problemas e sugerir correções. Mas, para que isso ocorra a auditoria interna necessita: 1. Ter acesso irrestrito ao universo da empresa; 2. Fazer exames regulares dos segmentos da empresa para averiguação da efetividade do cumprimento das suas funções de planejamento, contabilização, custódia e controle; 3. Reportar prontamente ao pessoal que precisa ser informado sobre os resultados dos exames praticados pela auditoria e 4. Corrigir condições apontadas como deficientes até que se atinja disposição satisfatória.

Salientamos que, para que haja eficiência na execução da auditoria interna, a independência é importante e pode ser analisada com base em dois aspectos principais: o primeiro é a posição do auditor interno na organização, ou seja, ele deve prestar contas à alta administração para garantir sua ampla atuação em relação às questões reveladas por ele ou por suas recomendações; o segundo é que os auditores internos não devem estar envolvidos no registro ou na preparação de quaisquer atividades que possam ser objeto de sua análise ou avaliação ou atividades futuras (Attie, 1998).

Pinheiro (2010) apresenta alguns princípios-chave que a auditoria interna deve seguir em uma organização:

- ser dinâmica;
- ser prospetiva;
- ser participativa;
- reconhecer a multiplicidade e a complexidade das situações;
- ser pedagógica;
- ser evolutiva;
- partilhar a informação;
- promover o diálogo;
- focalizar a atenção na recomendação em vez de no problema;
- ouvir a opinião da gestão.

As atividades de auditoria interna são estruturadas como um processo, com abordagem técnica, objetiva, sistemática e disciplinada, cujo objetivo é agregar valor aos resultados da organização, detectando irregularidades, conforme indicado na Norma Brasileira de Contabilidade – NBC TI 01, aprovada pela Resolução n. 986, de 21 de novembro de 2003, do Conselho Federal de Contabilidade (CFC, 2003). A mesma resolução dispõe sobre os seguintes itens: conceituação e disposições gerais (12.1), normas de execução do trabalho (12.2) e normas relativas ao relatório da auditoria interna (12.3).

O auditor deve fornecer explicações detalhadas sobre todas as questões levantadas durante o trabalho e identificar assuntos que serão objeto do relatório, o qual deve incluir as atividades, os programas ou os projetos auditados e observados, demonstrando imparcialidade para encontrar a verdade; deve, também, ser composto por informações claras, concisas e precisas, sempre relacionadas à necessidade e ao correto entendimento do conteúdo correspondente.

Conforme mencionado anteriormente, o item 12.3 da NBC TI 01 dispõe sobre o tema no subitem 12.3.1:

> 12.3.1 – O relatório é o documento pelo qual a Auditoria Interna apresenta o resultado dos seus trabalhos, devendo ser redigido com objetividade e imparcialidade, de forma a expressar, claramente, suas conclusões, recomendações e providências a serem tomadas pela administração da entidade. (CFC, 2003)

Silva (2000, p. 10) esclarece que "prevenir erros, omissões e abusos é uma das grandes finalidades da auditoria" e complementa que "as recomendações feitas com a finalidade de corrigir os aspectos julgados necessários, devem ser tidas em conta pelos responsáveis dos serviços, que serão os primeiros a terem delas conhecimento, podendo mesmo discuti-las e, no caso de não estarem de acordo, justificarem essa posição".

Preste atenção!

Por muito tempo, os auditores foram vistos como pessoas que não podiam partilhar da mesa com o colega na hora no almoço; todos queriam esquivar-se deles. Nos dias atuais, as organizações têm outro olhar a respeito dos auditores internos; muitas buscam esses profissionais dentro da organização para auxiliar em discussões e encontrar um ponto favorável para a tomada de decisão. Portanto, você, futuro gestor hospitalar, deve considerar os auditores internos como aliados e saber que, pela necessidade do trabalho, esse profissional transita por todas as áreas e processos e pode contribuir bastante com os resultados da organização.

6.2 Histórico da auditoria em saúde

De acordo com Rosa (2012, p. 5), "a Auditoria assumiu diversos papéis no contexto brasileiro, sendo que na atualidade, tornou-se um instrumento de controle que procura avaliar a gestão pública da saúde e sua capacidade de articulação intra e intersetorial".

A auditoria em saúde surgiu pela necessidade de melhoria na assistência e no cuidado do paciente, com a mensuração da qualidade de custos das instituições públicas ou privadas. Segundo Ricardino e Carvalho (2004), no Brasil, em 18 de junho de 1808, foi instaurada a auditoria, tornando obrigatório o uso desses serviços na Real Fazenda Portuguesa, visto que, por volta de 1790, os registros de transações financeiras já eram usados no país.

Não há uma data exata na história da auditoria em saúde como referência para as pesquisas na área. Oliveira e Diniz Filho (2001) explicam que o início da auditoria ocorreu na Inglaterra, em 1756, como uma ramificação da contabilidade e como consequência natural do surgimento de grandes fábricas e do alto giro de capital, no contexto da Revolução Industrial e da expansão do capitalismo.

No campo da saúde, Pereira (2010) aponta o ano de 1967 como o início da auditoria na área, devido a dois novos fatores: o primeiro ligado a serviços de terceiros e o segundo relacionado à importância do atendimento à clientela, de maneira individualizada, por classe social e pelo direito de escolha do atendimento.

A terceirização leva o governo, como órgão de compras, a tomar medidas de controle e analíticas para evitar desperdícios e superfaturamento, mantendo a qualidade dos serviços prestados. Visando garantir o bom funcionamento desse programa de integridade, é necessário estabelecer uma organização funcional de auditores previdenciários qualificados para auditoria médica. Algumas leis criadas por órgãos governamentais instituem "programas" de inclusão dessas auditorias.

Pela Lei n. 6.439, de 1º de setembro de 1977, o Brasil instituiu o Sistema Nacional de Previdência e Assistência Social (Sinpas), orientado e coordenado pelo Ministério da Previdência e Assistência Social (MPAS), cujas funções são a concessão e a manutenção de benefícios e prestação de serviços, o custeio de atividades e programas e a gestão administrativa, financeira e patrimonial (Brasil, 1977, art. 1º). Ficou definida, ainda, a criação de autarquias vinculadas ao MPAS, como o Instituto Nacional de Assistência Médica da Previdência Social (Inamps) e o Instituto de Administração Financeira da Previdência e Assistência Social (Iapas) (Brasil, 1977).

Ainda na Lei n. 6.439/1977, o art. 6º define como competência do Inamps prestar assistência médica por meio de programas aos trabalhadores urbanos, servidores do Estado e trabalhadores rurais. Com isso, a auditoria médica começa a ser implementada e uma reforma na saúde torna-se urgente.

Caleman, Sanchez e Moreira (1998, p. 14) argumentam que

> A 8ª Conferência Nacional da Saúde, realizada em março de 1986, considerada um marco histórico, consagra os princípios preconizados pelo Movimento da Reforma Sanitária. Em 1987 é implementado o Sistema Unificado e Descentralizado de Saúde (SUDS), como uma consolidação das AIS, que adota como diretrizes a universalização e a equidade no acesso aos serviços, a integralidade dos cuidados, a regionalização dos serviços de saúde e implementação de distritos sanitários, a descentralização das ações de saúde, o desenvolvimento de instituições

> colegiadas gestoras e o desenvolvimento de uma política de recursos humanos.

Caleman, Sanchez e Moreira (1998, p. 14) relembram, ainda, que a Constituição Federal de 1988, no art. 196, determina a saúde como direito para todos:

> Art. 196. A saúde é direito de todos e dever do Estado, garantido mediante políticas sociais e econômicas que visem à redução do risco de doença e de outros agravos e ao acesso universal e igualitário às ações e serviços para sua promoção, proteção e recuperação. (Brasil, 1988)

Caleman, Sanchez e Moreira (1998, p. 14) esclarecem também que, para que esse objetivo fosse atingido, em 1990, a Lei n. 8.080, de 19 de setembro de 1990, instituiu o Sistema Único de Saúde (SUS):

> Art. 4º O conjunto de ações e serviços de saúde, prestados por órgãos e instituições públicas federais, estaduais e municipais, da Administração direta e indireta e das fundações mantidas pelo Poder Público, constitui o Sistema Único de Saúde (SUS).
>
> § 1º Estão incluídas no disposto neste artigo as instituições públicas federais, estaduais e municipais de controle de qualidade, pesquisa e produção de insumos, medicamentos, inclusive de sangue e hemoderivados, e de equipamentos para saúde.
>
> § 2º A iniciativa privada poderá participar do Sistema Único de Saúde (SUS), em caráter complementar. (Brasil, 1990b)

Após a criação do SUS, por meio da Lei 8.689, de 27 de julho de 1993 (Brasil, 1993), o Inamps foi extinto. Ainda na

Constituição Federal, o art. 197 impõe a necessidade da criação de uma auditoria:

> Art. 197 São de relevância pública as ações e serviços de saúde, cabendo ao Poder Público dispor, nos Termos da Lei, sobre sua regulamentação, fiscalização e controle, devendo sua execução ser feita diretamente ou através de terceiros e, também, por pessoa física ou jurídica de direito privado. (Brasil, 1988)

Com regulamentação pelo Decreto n. 1.651, de 28 de setembro de 1995 (Brasil, 1995), o art. 16, inciso XIX, da Lei n. 8.080/1990 estabelece a criação do Sistema Nacional de Auditoria (SNA), de competência da direção nacional do SUS (Brasil, 1990b).

Essa atribuição visou garantir que o Estado pudesse exercer seu papel regulatório. De acordo com Caleman, Sanchez e Moreira (1998), o intuito era criar mecanismos de discriminação positiva que apontassem as causas de indiciamento das atividades do SUS. A ideia era desenhar estratégias para superar os desafios impostos pelas transformações em curso; uma delas diz respeito ao gerenciamento do setor de saúde, com a criação de um ambiente comprometido com o aumento da eficiência do sistema e a geração de equidade.

Esse novo modelo de gerência, ainda segundo Caleman, Sanchez e Moreira (1998), tem como premissa o domínio do conhecimento e das habilidades das áreas de saúde e de administração, visando à manutenção e à melhoria da qualidade na saúde. Os autores argumentam que, nesse contexto, as organizações de saúde e as pessoas que nelas trabalham precisam desenvolver uma dinâmica de aprendizagem e inovação e "procurar os conhecimentos e habilidades necessários e a melhor maneira de transmiti-los para formar esse novo profissional, ajustado à realidade atual e preparado para acompanhar as transformações futuras" (Caleman; Sanchez; Moreira, 1998, p. 15).

Rosa (2012, p. 13) complementa que, "diante dessa nova realidade do sistema de saúde, a figura do auditor ganhou papel relevante, como agente de promoção da qualidade da assistência por meio de padrões previamente definidos, atuando em programas de educação permanente".

Tendo em conta que a criação do SNA, como órgão de gestão do SUS, visa ao monitoramento, ao controle e à avaliação das ações dos serviços em saúde, a União reservou-se o direito de estabelecer o SNA, bem como coordenar e avaliar técnica e financeiramente o SUS em todo o território nacional. O SNA trata exclusivamente da área da saúde e constitui um sistema atípico, monolítico, diferenciado, complementado por sistemas de controle interno e externo, sobretudo jurídico (Melo; Vaitsman, 2008).

Em 1996, o Ministério da Saúde elaborou a primeira edição do *Manual de Normas de Auditoria*, com o objetivo de regulamentar o cumprimento das normas e disposições relativas ao SUS. Em 1999, houve a reestruturação do SNA, e o controle e a avaliação passaram a ser responsabilidade da Secretaria de Assistência à Saúde (SAS); já os itens relativos à auditoria ficaram sob a responsabilidade do Departamento Nacional de Auditoria do SUS (DenaSus), que passou a atuar, além de na auditoria e na fiscalização, também em ações propostas e seus resultados (Melo; Vaitsman, 2008).

Como já citamos, por meio da Lei n. 9.961, de 28 de janeiro de 2000 (Brasil, 2000), foi criada a Agência Nacional de Saúde Suplementar (ANS), cuja finalidade é a defesa do interesse público na assistência suplementar à saúde. Sua principal atribuição é regular as operadoras de planos de saúde privados do país, criando resoluções que tratam das relações com os prestadores de serviços em saúde e consumidores (beneficiários/pacientes), instituindo regras para instrumentos contratuais e o desenvolvimento de ações para a saúde (Pereira, 2010).

Em razão das transformações aceleradas, a gestão hospitalar não deve se apoiar apenas no desempenho passado, mas também nas mudanças do mercado e nas novas tendências, atentando-se às pressões do meio de que faz parte.

6.3 Auditoria em saúde

Paim e Ciconelli (2007, p. 90) esclarecem que a auditoria em saúde pode ser desenvolvida em vários setores da saúde, como a auditoria médica e a auditoria em enfermagem: "ambas as auditorias dispõem de áreas específicas de atuação, sendo que a característica do serviço em saúde definirá o papel do auditor e [...] seus objetivos são sempre [...] garantir a qualidade no atendimento ao cliente, evitar desperdícios e auxiliar no controle dos custos".

A Organização Mundial de Saúde (OMS) considera saúde não apenas a ausência de doença, mas também o bem-estar físico, mental e social. Segundo Oliveira, citado por Gamarra (2018, p. 223), "o desenvolvimento da saúde suplementar, como modelo principal ou como serviço complementar aos sistemas públicos nos países, gerou relevante influência sobre a organização da auditoria em saúde".

Entre as atribuições da auditoria em saúde, temos a verificação dos processos e resultados referentes à prestação de serviços, considerando-se o modelo de atenção em saúde e as legislações vigentes em determinado território (Ayach; Moimaz; Garbin, 2013).

De acordo com Coutinho (2014), a auditoria em saúde encontra-se incorporada de maneira formal e definitiva aos sistemas de saúde de inúmeros países no mundo, inclusive no Brasil, com uma série de objetivos, sendo o principal assegurar o andamento adequado dos processos, bem como a organização das instituições de saúde e de seus sistemas relacionados.

O propósito central da auditoria em saúde, como sabemos, é não apenas a melhoria dos cuidados ao paciente, como também dos resultados em saúde, cruciais para a garantia da qualidade nesse âmbito. Seus principais elementos são: 1) revisão sistemática de um procedimento em relação a um critério sólido; 2) implementação de mudanças; e 3) o monitoramento para averiguar a efetivação da melhoria (Kim, 2017).

O grande número de profissionais auditores em saúde exige que os auditores internos conheçam bem as atividades auditadas, o processo de auditoria e os custos dos materiais e medicamentos. Por esse motivo, as auditorias em saúde tornaram-se mais específicas, porque é necessário que um médico audite o procedimento, que um enfermeiro audite procedimentos de enfermagem e que os profissionais de outras áreas também colaborem. Isso porque os auditores acompanham os pacientes internados, auxiliam na liberação de procedimentos ou materiais e medicamentos de alto custo e verificam a qualidade da assistência prestada (Cofen, 2001).

Um dos principais pontos para elevar a qualidade dos sistemas de saúde é a incorporação de auditorias clínicas ao dia a dia de seus profissionais. Ademais, essas auditorias não devem se isentar da devolutiva das conclusões; do contrário, sua eficácia para a melhoria da qualidade estará comprometida e o desperdício de recursos, já escassos, não será evitado (Souza; Pileggi-Castro, 2014).

A proficiência das auditorias em saúde depende também da busca pela melhoria contínua e da educação permanente dos profissionais da instituição, que devem se preocupar com a segurança, a qualidade e a humanização de suas atividades. Em outras palavras, a auditoria nas organizações de saúde não é apenas uma ferramenta de contas ou de avaliação de desempenho, mas também uma ferramenta para solução de conflitos, a fim de prevenir que situações simples se tornem grandes desafios.

Não é difícil reconhecer a existência de lacunas entre os cuidados de saúde recomendados pelas instituições controladoras de qualidade e o que os pacientes recebem na prática. Há variações injustificadas tanto na prática quanto nos resultados que não podem ser explicadas considerando-se apenas as características dos pacientes. Nesse sentido, com o resumo do desempenho clínico de cuidados de saúde durante determinado período, destinado aos profissionais de saúde, a auditoria pode avaliar e ajustar seu desempenho, bem como fornecer algumas das medidas para aprimoramento da atuação profissional (Flottorp et al., 2010).

De modo geral, os sistemas de auditoria em saúde têm sido refinados para coletar informações sobre o atendimento clínico prestado, aspecto importante para quem financia e deseja o mais alto padrão na oferta de cuidados de saúde seguros e eficazes.

Gamarra (2018), em estudo sobre auditoria na saúde suplementar, aponta que, para que as auditorias de saúde reduzam custos e melhorem a qualidade do atendimento, alguns cuidados são necessários. Citando Bolek et al. (2015), a autora lista os principais obstáculos para uma auditoria efetiva:

> a) formalismo: auditoria realizada como uma obrigação, [...] apenas para fins de certificação, prejudicando o sistema de gestão;
> b) incapacidade de apreciar a importância das auditorias pela gestão por delegar responsabilidade pelo sistema de qualidade para setores menos importantes da empresa;

c) burocracia nas auditorias e nas medidas corretivas: escopo e conteúdo exagerados;

d) procedimentos complicados: forma complicada de conduzir o processo que desestimula auditores e auditados;

e) motivação insuficiente dos auditores: a auditoria vista como obrigação desagradável e remuneração baixa dos auditores;

f) critérios desiguais na auditoria de responsabilidade da Gestão: temor em revelar discrepâncias;

g) punição pelos resultados da auditoria e interpretação errônea do princípio da melhoria contínua – a auditoria como um incentivo para sanções que suscitam o esquema "sentença - medo - uma mentira";

h) planejamento insuficiente: planos de auditoria incompletos que não cobrem todos os locais de trabalho;

i) baixa ênfase na eficácia das ações corretivas: aprendizagem com os erros, repetindo os mesmos resultados;

j) leniência da alta gestão: alteração das ações corretivas devido à falta de disciplina de trabalho dos gestores;

k) resultados insuficientes: ausência de discrepâncias observadas em razão das ameaças das descobertas na auditoria do local de trabalho;

l) aderência rígida ao plano: tentativa de ocultar as discrepâncias que não estão diretamente incluídas no plano de auditoria, embora sejam conhecidas pela gestão;

m) perfil insuficiente dos auditores: carência de formação em assertividade e nos aspectos psicológicos da auditoria;

n) criação de barreiras entre os setores: os resultados da auditoria utilizados como fonte de ridicularizações dirigidas ao auditado e;

o) supressão progressiva das auditorias: perda de interesse da alta gestão, que produz uma diminuição da eficácia das auditorias e ênfase insuficiente na prevenção: o descumprimento não teve um impacto negativo, portanto, é negligenciado. (Bolek et al., 2015, citados por Gamarra, 2018, p. 225)

A efetividade da auditoria em saúde está no aprimoramento de seu mecanismo e na educação continuada, bem como na busca de construir e consolidar instituições que não admitam fraudes, previnam erros acidentais e de pagamentos e falhas sistêmicas, com foco na segurança, qualidade e humanidade na entrega das atividades.

6.4 Controles internos e auditoria

A complexidade do setor de saúde, em virtude de seus múltiplos setores e profissionais, impõe a necessidade de informações confiáveis para tomada de decisões. Com isso, a busca por melhoria contínua de seus processos traz um grande impacto sobre os custos da organização e o progresso nos controles de qualidade.

Como esclarece Vieira (2007, p. 176), "a auditoria externa ou independente é uma especialização da contabilidade [...]. O objetivo final é a emissão de um parecer acerca da adequabilidade da posição econômico-financeira e patrimonial de uma entidade".

A auditoria interna deve fazer parte da estrutura da organização, pois desenvolve o papel de prevenção de problemas relativos ao desenvolvimento econômico e de ocorrências, identifica e controla riscos e auxilia nas demandas gerenciais de tomada de decisão. Para que execute seu trabalho corretamente, é preciso o acesso a toda e qualquer área da organização.

O item 11.1.2 da Norma de Auditoria Independente das Demonstrações Contábeis – NBC-T-11, aprovada pela Resolução n. 820, de 17 de dezembro de 1997, do Conselho Federal de

Contabilidade, apresenta os procedimentos de auditoria e a seguinte definição:

> 11.1.2.1 – Os procedimentos de auditoria são o conjunto de técnicas que permitem ao auditor obter evidências ou provas suficientes e adequadas para fundamentar sua opinião sobre as demonstrações contábeis auditadas e abrangem testes de observância e testes substantivos. (CFC, 1998)

Os resultados desse processo transformam os dados em uma riqueza de informações que podem ser utilizadas pela alta administração para a tomada de decisões e desempenham um papel fundamental no seu controle.

> O controle interno é um processo destinado a garantir, com razoável certeza e precisão, o atendimento dos objetivos da empresa, seja na eficiência e efetividade operacional, seja na confiança nos registros apresentados pelos relatórios contábeis e financeiros, seja na conformidade com as observâncias às leis e aos normativos aplicáveis à entidade e à sua área de atuação, por meio do desenvolvimento de um eficiente mecanismo de *compliance*. (Vieira, 2007, p. 179-180)

Koontz e O'Donnell, citados por Antunes (1998, p. 61), afirmam que o "controle consiste em verificar se tudo corre de conformidade com o plano adotado, as instruções emitidas e os princípios estabelecidos. Tem por objetivo apontar as falhas e o erros para retificá-los e evitar sua reincidência. Aplica-se a tudo: coisas, pessoas, atos".

Na Figura 6.1, Koontz e O'Donnell, citados por Antunes (1998, representam a função do controle e sua importância.

Figura 6.1 – Fluxograma da identificação de desvio

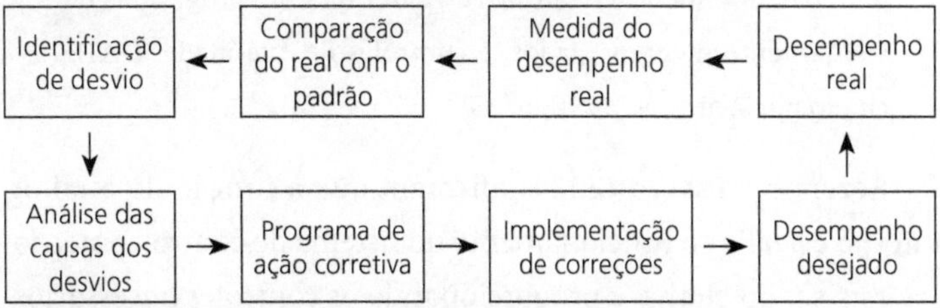

Fonte: Koontz e O'Donnell, citados por Antunes, 1998, p. 61.

Em outubro de 1958, o American Institute of Certified Public Accountants (AICPA) reconheceu que o sistema de controle interno abrange outros temas, além daqueles voltados à contabilidade e às finanças.

> O controle interno, no sentido amplo, compreende controles que se podem caracterizar como contábeis ou como administrativos, como segue:
>
> a) controles contábeis compreendem o plano de organização e todos os métodos e procedimentos referentes e diretamente relacionados com a salvaguarda do ativo e a fidedignidade dos registros financeiros. Geralmente, compreendem controles tais como: os sistemas de autorização e aprovação, separação entre tarefas relativas à manutenção de registros, elaboração de relatórios e aquelas que dizem respeito à operação ou custódia do ativo, controles físicos sobre o ativo e auditoria interna;
>
> b) controles administrativos são os que compreendem o plano de organização e todos os métodos e procedimentos referentes principalmente à eficiência operacional e obediência às diretrizes administrativas, e que normalmente se relacionam apenas indiretamente com os registros contábeis e financeiros. Em

> geral, incluem controles como análises estatísticas, estudos de tempo e movimento, relatórios de desempenho, programas de treinamento de empregados, e controles de qualidade. (IAIB, citado por Antunes, 1998, p. 63)

Rezende e Favero (2004) afirmam que a função do auditor interno é avaliar o funcionamento do sistema de controle interno – se está sendo efetivo e proporcionando os controles necessários – propondo melhorias para sua adequação. Caso não exista esse setor dentro da organização, cabe ao auditor interno a recomendação da criação.

Segundo Attie (1998), as características de um eficiente sistema de controle interno compreendem:

- plano de organização que proporcione segregação de funções apropriadas das responsabilidades funcionais;
- sistema de autorização e procedimentos de escrituração adequados, que ofereçam controles eficientes sobre ativo, passivo, receitas, custos e despesas;
- observação de práticas salutares no cumprimento dos deveres e das funções entre execução operacional e custódia dos bens patrimoniais e sua contabilização;
- pessoal com adequada qualificação técnica e profissional para a execução de suas atribuições.

Sendo assim, um sistema de controle interno, com processos robustos, sempre atualizados, revisados e aplicados de forma eficaz, garante que as informações registradas sejam seguras, a fim de facilitar a percepção de erros e prontamente corrigi-los, compondo mais um instrumento importante para as equipes de auditoria.

Antunes (1998, p. 66, grifo do original) explica que o controle interno consiste em cinco componentes que se inter-relacionam, citando a definição atual dada pelo AICPA:

> a) Ambiente de controle é o que estabelece o tom de uma organização influenciando a consciência de controle de suas pessoas. Este é o fundamento para todos os outros componentes do controle interno, provendo disciplina e estrutura.
> b) Avaliação de risco é a identificação e análise dos riscos relevantes da entidade par atingir seus objetivos, formando uma base para determinar como os riscos poderiam ser gerenciados.
> c) Atividades de controle são as políticas e procedimentos que auxiliam a assegurar que as diretrizes gerenciais são alcançadas.
> d) Informação e comunicação é a identificação, captura e troca de informação, numa estrutura de tempo, de forma que possibilite às pessoas cumprirem suas responsabilidades.

Para análise dos riscos de auditoria, é necessário iniciar com o planejamento dos trabalhos, considerando:

> **Nível geral** – Demonstrações contábeis tomadas no conjunto, como também qualidade da administração, avaliação do sistema contábil e dos controles internos e situação financeira e econômica da empresa. **Nível específico** – Referente a saldos das contas ou volume e natureza das operações e transações. (Valério, 2003, p. 44, grifo do original)

Valério (2003, p. 45, grifo do original) também explica que, na avaliação de risco de auditoria, é primordial que o auditor tenha em mente:

> **Risco Inerente** – Tendência de ocorrer erros ou irregularidades relevantes antes de conhecer a eficácia dos controles. Nos

> exames preliminares, o auditor examina a abrangência dos controles internos, em relação às operações significativas da empresa. **Risco de Controle** – É a tendência do sistema de controles internos de perder eficácia com o passar do tempo; falha na prevenção ou detecção de erros pelos controles. [...] **Risco de Detecção** – A possibilidade de emitir conclusões incorretas sobre os resultados de um exame de auditoria; execução de processos ou exames indevidos. O risco de detecção é atribuído ao auditor, que considera o grau de risco que pode assumir, ao emitir uma opinião, um parecer. (Valério, 2003, p. 45, grifo do original)

Os auditores realizam inspeções para averiguar evidências de transações e, com base no que é auditado, executam-se controles internos consistentes para verificação da funcionalidade. O auditor deve ser dotado de experiência e conhecimento para a realização da avaliação de riscos. Os controles internos, quando desenvolvidos de modo eficaz e ajustados aos negócios da organização, possibilitam a competitividade no mercado globalizado. É importante que essa ação seja considerada uma filosofia dentro da organização, com o apoio da alta administração para as definições e a autorização de implantação.

O processo de auditoria ocorre entre todos os prestadores de serviços de saúde (setores público e privado), vinculados ou não ao SUS, e as estratégias de ação são utilizadas continuamente em todas as estruturas organizacionais e funcionais para medir a eficácia das atividades e submeter seus resultados à gestão do sistema de saúde. Além dessas estruturas burocráticas funcionais e de controle sobre a organização e do equilíbrio financeiro da produção dos serviços, os auditores também implementam seus planos de avaliação de desempenho dentro da rede de serviços como forma de obter *feedback* dos usuários e da sociedade como um todo.

Como esclarecem Paim e Ciconelli (2007, p. 85), em decorrência da corresponsabilidade que as operadoras de planos de saúde têm em oferecer serviços de saúde de qualidade, conforme a Lei n. 9.656, de 3 de junho de 1998 (Brasil, 1998), "criou-se a necessidade de auditar as instituições de saúde com foco na qualidade dos processos funcionais e estrutura física".

6.5 Interfaces setoriais

Backes et al. (2014, p. 278), em estudo sobre trabalho em equipe multiprofissional na saúde, esclarecem:

> O trabalho em equipe e/ou a atuação interdisciplinar pressupõe trocas significativas, tanto de conceitos, teorias e métodos quanto de práticas, de modo que os pares que detêm os diferentes conhecimentos trabalhem integrados e articulados entre si e com o todo. No enfoque interdisciplinar, se encontra [sic] tanto o desafio relacionado à busca da unidade na multiplicidade e vice-versa quanto o de aprender a lidar com as próprias diferenças e com a dos outros. A diferença de saberes, sob esse enfoque, não pode mais ser considerada como entrave às práticas, mas como possibilidade de ampliar e potencializar os processos interativos e encontrar respostas múltiplas para os problemas de saúde que, na maioria das vezes, também são multifatoriais.

Inojosa (1998, p. 43) afirma que, no modelo intersetorial, "os problemas reais cruzam os setores e têm atores que se beneficiam ou são prejudicados por eles". Os problemas de saúde são parte dessa complexa questão, de causas múltiplas, que afetam as populações, por isso é preciso articular saberes e experiências para o enfrentamento dessas situações (Junqueira, 1998).

Nesse sentido, a intersetorialidade é compreendida "como uma articulação das possibilidades dos distintos setores de pensar a questão complexa da saúde, de corresponsabilizar-se pela garantia da saúde como direito humano e de cidadania, e de mobilizar-se na formulação de intervenções que a propiciem" (Brasil, 2010, p. 13).

É evidente que a integração entre os setores é um grande desafio, entretanto as recompensas são oriundas de boas relações de trabalho, inovação e crescimento e do engajamento tanto da equipe quanto da organização como um todo. As equipes multidisciplinares são capazes de lidar com problemas complexos na área de saúde, os quais são difíceis de serem aprendidos e tratados por um único profissional, uma vez que estão atrelados a vários fatores e causas (Feuerwerker, 2003).

Robbins (2004) afirma que, quando as tarefas exigem experiência e habilidades diversas, as equipes tendem a melhorar o desempenho dos indivíduos, reagindo melhor às mudanças. O autor explica que existem grupos de trabalho cujos processos interativos são usados para compartilhar informações e tomar decisões com o objetivo de ajudar cada membro em sua área específica de atuação. Nesse caso, o desempenho é visto apenas como resultado das contribuições individuais de seus membros. Toda a equipe de trabalho deve ser conduzida pela busca do esforço individual, que resulta em níveis de desempenho superiores à soma dos insumos.

Os autores Hall e Weaver (2001) complementam que todos da equipe devem ser próximos e ter conhecimento de conceitos importantes, assim serão capazes de contribuir significativamente nos papéis dos demais, além de compartilhar responsabilidades.

Quando as equipes são competitivas, os conflitos são frequentes e não simulados, pelo fato de nenhuma profissão sentir a necessidade de tolerar a outra. Quando são colaborativas, pode-se pensar que a ajuda veio "de fora", não se pressupondo uma relação entre os profissionais, o que ocasiona algum atrito, ainda que mínimo. Nas atividades complementares, pode haver desentendimentos motivados por *status*, controles administrativos, entre outros fatores (Hun, citado por Romano, 1999).

A atuação em equipe não diz respeito exatamente ao número ou à diversidade de pessoas no mesmo ambiente, mas à capacidade de aprender coletivamente, ou seja, é necessário que todos da equipe estejam bem-informados. Sem interação entre os integrantes, as capacidades individuais não podem ser potencializadas.

A comunicação efetiva é muito importante para a organização e deve atingir todos os meios hierárquicos. Os canais estabelecidos pela comunicação interna agilizam o relacionamento entre direção e público interno da organização e imprimem transparência a esse diálogo, sendo, portanto, uma excelente ferramenta de administração estratégica. Desse modo, pode-se motivar e gerar iniciativas espontâneas, característica essencial das empresas modernas que desejam enfrentar a competitividade. Em outras palavras, é possível integrar os recursos humanos e conhecer o seu ponto de vista; à medida que a comunidade interna é incentivada a participar, sente-se fortemente motivada.

Há diversas perspectivas sobre o conceito de equipe e o fato de as dificuldades do trabalho em grupo derivarem das diferenças entre os sujeitos. Uma equipe pode ser um grupo de pessoas que desempenham as atividades sem se importarem com algum objetivo e as relações interpessoais; ou um grupo de pessoas com objetivos comuns; ou um conjunto de pessoas com habilidades complementares e comprometidas com o próprio grupo e um objetivo comum (Piancastelli; Faria; Silveira, 2000).

A integração dos setores também está relacionada à parceria entre os tomadores de decisões, visto que um dos propósitos das equipes de auditoria é auxiliar as demais equipes. Portanto, quando é possível coordenar o trabalho entre si, é mais fácil promover uma cultura integrada. Entre os resultados dessa conduta, temos a facilidade na implementação de planos de ação mais eficazes (Torquato, 2015).

Para saber mais

QUEIROZ, L. H. A importância da gestão dos controles internos nas entidades de saúde. 18 f. Artigo Acadêmico (Bacharelado em Ciências Contábeis) – Universidade Federal de Uberlândia, Uberlândia, 2020. Disponível em: <https://repositorio.ufu.br/bitstream/123456789/30692/3/ImportanciaGestaoControles.pdf>. Acesso em: 13 jan. 2023.

Esse artigo aborda a importância do controle interno em estabelecimentos de saúde e mostra como este está integrado à gestão eficiente. A autora destaca a imposição legal dos controles internos, uma vez que as instituições têm apertado o cerco aos responsáveis fiscais com relação ao controle de todas as receitas e despesas, sob pena de sanções. O estudo demonstra que, quando desenvolvido e executado corretamente, esse controle gera benefícios, evita desperdícios e aumenta significativamente a satisfação dos clientes com o serviço prestado.

Síntese

Neste capítulo, vimos que a auditoria interna tem por objetivo identificar desperdícios, reduzir custos e otimizar a divisão de tarefas. No entanto, para que ela seja eficaz e transcorra sem desentendimentos, precisa ser completamente aberta e transparente, promover o diálogo e instituir regras claras, e não um espaço para exposição de egos ou um momento para incutir medo nos colaboradores.

As auditorias instituem controles internos que devem ser seguidos à risca por todos os profissionais da instituição, para evitar falhas (como erros no preenchimento de prontuários e desperdício de insumos) e sua reincidência. Esses controles, atualmente, são feitos por médicos e enfermeiros auditores com conhecimento e experiência.

A complexidade do setor de saúde exige a integração de diversos profissionais, inclusive daqueles ligados à administração e à contabilidade. Nessa perspectiva, destacamos que, em primeiro lugar, é necessário que cada membro da equipe consiga lidar com as diferenças. Explicamos que esses processos de interação nas equipes promovem o compartilhamento das informações, favorecem as tomadas de decisões e elevam a *performance* de cada um dos membros envolvidos; o desempenho, nesse caso, é definido como a combinação de todas as contribuições.

Discutimos, por fim, a importância do estabelecimento de canais de comunicação adequados e eficientes para o enfrentamento da competitividade e a integração entre os setores na coordenação das atividades.

Questões para revisão

1. Com base nos estudos deste capítulo, assinale a alternativa que indica o apoio que os auditores podem prestar às instituições, além de avaliar e medir a eficácia dos controles:
   a) Estrutural.
   b) Tomada de decisão.
   c) Contratações.
   d) Gerência.
   e) Basal.

2. As atividades de auditoria interna são estruturadas como um processo, com abordagem técnica, objetiva, sistemática e disciplinada, a fim de detectar irregularidades e auxiliar na melhoria da instituição. Com base nos estudos deste capítulo, assinale a alternativa correta com relação ao(s) princípio(s)-chave de uma auditoria interna:
   a) Dinamismo.
   b) Evolução.
   c) Promoção do diálogo.
   d) As alternativas a, b e c são princípios da auditoria interna.
   e) Nenhuma das alternativas está correta..

3. Qual a finalidade e a atribuição da Agência Nacional de Saúde Suplementar (ANS), criada por meio da Lei n. 9.961/2000?

4. A auditoria interna passou a funcionar como uma ferramenta de ação estratégica. Com o apoio da alta administração, esse setor pode ser incorporado como uma filosofia para os valores de ética e transparência. Com base nos estudos deste capítulo, explique o papel da auditoria interna.

5. Para estabelecer uma comunicação interna que estimule, motive e transmita os ideais da organização para os colaboradores de forma efetiva, pode-se recorrer a determinadas ferramentas. Assinale a alternativa que apresenta os cinco Cs de uma comunicação interna eficiente:
   a) clara, concorrida, capaz, contínua e completa.
   b) consciente, capaz, concisa, concorrida e completa.
   c) clara, consciente, contínua, curta e completa.
   d) corrida, controlada, contábil, contextualizada e completa.
   e) corriqueira, controlada, capaz, completa e contraposta.

Questão para reflexão

1. Leia o texto a seguir.

   Em 2016, houve um ponto muito sensível e que repercutiu em todo o Brasil: as fraudes em órteses, próteses e materiais especiais. Em artigo publicado no *site* da Associação Brasileira de Planos de Saúde (Abramge), Paulo Sardinha (2022), presidente da Associação Brasileira de Recursos Humanos do Rio (ABRH-RJ), afirmou:

   > Somos todos vítimas do esquema. Há um princípio bem simples na Economia: um serviço com uma base coletiva, como é o caso do SUS e dos planos de saúde, é financiado por todos. Assim, as fraudes da Máfia das Próteses, além de colocarem em risco a saúde e a vida de inúmeros pacientes, encarecem todo o sistema. Há um efeito cascata. Os altos custos impostos a esses prestadores, muitas vezes por força de liminares, são repassados aos beneficiários e à população. Quem paga a conta das negociatas somos nós.

   Com base no exposto, responda: Como a auditoria interna poderia ter auxiliado a evitar as fraudes nesse e em outros casos?

Considerações finais

Para utilizar uma metáfora bem conhecida, ao longo deste livro, passamos por todas as etapas de um edifício: iniciamos pelo alicerce, ou fundação, erguemos as paredes e terminamos a cobertura. No entanto, como todo estudo, este trabalho não apenas está sujeito a revisões (é assim que a ciência progride), como também pode ser superado, visto que os princípios esboçados e discutidos aqui são basilares e fundamentais para instaurar uma administração efetiva.

Sem o domínio desses princípios, cremos que não há como pensar uma gestão hospitalar eficaz. Apesar de não ser fácil, é uma rota bastante clara: começa na necessidade de qualidade em gestão, passando pelo conceito e pelos processos de faturamento e pelo correto armazenamento das informações de maneira informatizada, até a noção de glosa e a necessidade de conhecimento sobre auditoria.

Conforme abordamos ao longo desta obra, as instituições e as operadoras de saúde vêm sofrendo transformações recorrentes e rápidas, objetivando acompanhar o avanço da tecnologia e prestar atendimento humanizado a seus pacientes. Nessa perspectiva, para que desempenhe suas tarefas com excelência, o gestor hospitalar deve conhecer e analisar o contexto de todos os processos da organização, visto que a visão sistêmica e abrangente faz parte de suas atribuições, permitindo identificar e tratar as adversidades do cotidiano com maestria.

Antes de encerrarmos, citamos uma frase de Michael Jordan para que o futuro gestor hospitalar reflita: "O talento vence jogos, mas só o trabalho em equipe ganha campeonatos". Aprenda a ouvir sua equipe, esteja próximo dela e o resto lhe será acrescentado.

Esperamos que a caminhada tenha sido proveitosa e acrescentado muito à sua conduta profissional, não apenas em termos teóricos – o que é extremamente importante –, mas também práticos.

Referências

ALVES, F. N. R.; PECI, A. Análise de impacto regulatório: uma nova ferramenta para a melhoria da regulação na Anvisa. **Revista Saúde Pública**, Brasília, v. 45, n. 4, p. 802-805, ago. 2011. Disponível em: <https://www.scielo.br/j/rsp/a/nLq8TdwdnRdWQZrtTcGWPNn/?lang=pt&format=pdf>. Acesso em: 27 nov. 2022.

AMB – Associação Médica Brasileira. **Classificação Brasileira Hierarquizada de Procedimentos Médicos**. São Paulo, 2012. Disponível em: <https://sbacv.org.br/storage/2018/02/tabcbhpmgeral.pdf>. Acesso em: 11 jan. 2023.

ANAHP – Associação Nacional de Hospitais Privados. **A ANAHP**. Disponível em: <https://www.anahp.com.br/a-anahp/>. Acesso em: 28 nov. 2022a.

ANAHP – Associação Nacional de Hospitais Privados. **Observatório 2021**. 13. ed. São Paulo, 2021. Disponível em: <https://www.anahp.com.br/pdf/observatorio-2021.pdf>. Acesso em: 28 nov. 2022.

ANAHP – Associação Nacional de Hospitais Privados. **Observatório 2022**. 14. ed. São Paulo, 2022b. Disponível em: <https://www.anahp.com.br/pdf/observatorio-2022.pdf>. Acesso em: 28 nov. 2022.

ANÁLISE. **Dicio**: Dicionário Online de Português. Disponível em: <https://www.dicio.com.br/analise/#:~:text=Significado%20de%20An%C3%A1lise,de%20uma%20obra%20de%20arte.>. Acesso em: 11 jan. 2023.

ANS – Agência Nacional de Saúde Suplementar. **Cartilha de contratualização**: glosa. Disponível em: <http://www.ans.gov.br/images/stories/Plano_de_saude_e_Operadoras/Area_do_prestador/contrato_entre_operadoras_e_prestadores/cartilha_glosa.pdf>. Acesso em: 28 nov. 2022a.

ANS – Agência Nacional de Saúde Suplementar. Componente de Conteúdo e Estrutura. In: **Padrão Tiss**. 2021a. Disponível em: <https://www.gov.br/ans/pt-br/assuntos/prestadores/padrao-para-troca-de-informacao-de-saude-suplementar-2013-tiss/padrao-tiss-2013-maio-2022>. Acesso em: 27 nov. 2022.

ANS – Agência Nacional de Saúde Suplementar. Componente de Representação dos Conceitos em Saúde. In: **Padrão Tiss**. jul. 2022b. Disponível em: <https://www.gov.br/ans/pt-br/assuntos/prestadores/padrao-para-troca-de-informacao-de-saude-suplementar-2013-tiss/padrao-tiss-2013-maio-2022>. Acesso em: 27 nov. 2022.

ANS – Agência Nacional de Saúde Suplementar. Diretoria de Desenvolvimento Setorial. Instrução Normativa n. 34, de 13 de fevereiro de 2009. **Diário Oficial da União**, Brasília, DF, 14 fev. 2009. Disponível em: <http://www.ans.gov.br/component/legislacao/?view=legislacao&task=TextoL%20ei&format=raw&id=MTM5NA==>. Acesso em: 30 nov. 2022.

ANS – Agência Nacional de Saúde Suplementar. **Espaço ressarcimento ao SUS**. 11 mar. 2021b. Disponível em: <https://www.gov.br/ans/pt-br/assuntos/operadoras/compromissos-e-interacoes-com-a-ans-1/espaco-ressarcimento-ao-sus-1>. Acesso em: 8 dez. 2022.

ANS – Agência Nacional de Saúde Suplementar. **Guia do ressarcimento ao SUS**: impugnação e recursos. Rio de Janeiro, 2019. Disponível em: <https://www.gov.br/ans/pt-br/arquivos/acesso-a-informacao/perfil-do-setor/dados-e-indicadores-do-setor/dados-e-publicacoes-do-ressarcimento-ao-sus/guia-ressarcimento-ao-sus-2019-versao-2a-pdf>. Acesso em: 28 nov. 2022.

ANS – Agência Nacional de Saúde Suplementar. **Obrigatoriedade do contrato escrito**. 2021c. Disponível em: <https://www.gov.br/ans/pt-br/assuntos/prestadores/fator-de-qualidade-1/obrigatoriedade-do-contrato-escrito>. Acesso em: 28 nov. 2022.

ANS – Agência Nacional de Saúde Suplementar. **Padrão Tiss**: organizacional. 2022c. Disponível em: <https://www.gov.br/ans/pt-br/assuntos/prestadores/padrao-para-troca-de-informacao-de-saude-suplementar-2013-tiss/PadroTISS_Componente Organizacional_202207.pdf>. Acesso em: 8 jan. 2023.

ANS – Agência Nacional de Saúde Suplementar. Resolução Normativa n. 305, de 9 de outubro de 2012. **Diário Oficial da União**, Brasília, DF, 10 out. 2012. Disponível em: <http://www.ans.gov.br/component/legislacao/?view=legislacao&task=TextoLei&format=raw&id=MjI2OA==>. Acesso em: 30 nov. 2022.

ANS – Agência Nacional de Saúde Suplementar. Resolução Normativa n. 465, de 24 de fevereiro de 2021. **Diário Oficial da União**, Brasília, DF, 2 mar. 2021d. Disponível em: <https://www.in.gov.br/en/web/dou/-/resolucao-normativa-rn-n-465-de-24-de-fevereiro-de-2021-306209339>. Acesso em: 10 jan. 2023.

ANS – Agência Nacional de Saúde Suplementar. Resolução Normativa n. 500, de 30 de março de 2022. **Diário Oficial da União**, Brasília, DF, 1º abr. 2022d. Disponível em: <https://www.ans.gov.br/component/legislacao/?view=legislacao&task=textoLei&format=raw&id=NDE2MA==>. Acesso em: 28 nov. 2022.

ANS – Agência Nacional de Saúde Suplementar. Resolução Normativa n. 501, de 30 de março de 2022. **Diário Oficial da União**, Brasília, DF, 23 maio 2022e. Disponível em: <https://www.ans.gov.br/component/legislacao/?view=legislacao&task=textoLei&format=raw&id=NDE2MQ==>. Acesso em: 28 nov. 2022.

ANS – Agência Nacional de Saúde Suplementar. Resolução Normativa n. 503, de 30 de março de 2022. **Diário Oficial da União**, Brasília, DF, 1º abr. 2022f. Disponível em: <https://www.ans.gov.br/component/legislacao/?view=legislacao&task=textoLei&format=raw&id=NDE2Mw==>. Acesso em: 28 nov. 2022.

ANS – Agência Nacional de Saúde Suplementar. Tiss – Padrão para Troca de Informação de Saúde Suplementar. Disponível em: <https://www.gov.br/ans/pt-br/assuntos/prestadores/padrao-

para-troca-de-informacao-de-saude-suplementar-2013-tiss/padrao-para-troca-de-informacao-de-saude-suplementar-2013-tiss>. Acesso em: 18 mar. 2023.

ANTUNES, J. **Contribuição ao estudo da avaliação de risco e controles internos na auditoria de demonstrações contábeis no Brasil**. 228 f. Dissertação (Mestrado em Contabilidade e Controladoria) – Universidade de São Paulo, São Paulo, 1998. Disponível em: <https://pdfs.semanticscholar.org/53e2/bcab61de44146ad8629f1802f3b336daa7f5.pdf>. Acesso em: 28 nov. 2022.

ARAUJO, F. J. Estudo da aplicação do princípio da gestão enxuta em um processo de faturamento hospitalar em uma instituição de grande porte. In: CONGRESSO BRASILEIRO DE ENGENHARIA DE PRODUÇÃO, 2., 2012, Ponta Grossa. **Anais...** Disponível em: <http://anteriores.aprepro.org.br/conbrepro/2012/anais/artigos/gestaoqua/9.pdf>. Acesso em: 28 nov. 2022.

ARAÚJO, K. C. G. M. de. **Perfil clínico e epidemiológico da mielorradiculopatia esquistossomótica em Pernambuco**. 105 f. Tese (Doutorado em Saúde Pública) – Fundação Oswaldo Cruz, Recife, 2009. Disponível em: <https://docplayer.com.br/140013504-Karina-conceicao-gomes-machado-de-araujo.html>. Acesso em: 8 dez. 2022.

ARNOLD, J. R. T. **Administração de materiais**: uma introdução. Tradução de Celso Rimoli e Lenita R. Esteves. São Paulo: Atlas, 1999.

ATTIE, W. **Auditoria**: conceitos e aplicações. 3. ed. São Paulo: Atlas, 1998.

AYACH, C.; MOIMAZ, S. A. S.; GARBIN, C. A. S. Auditoria no Sistema Único de Saúde: o papel do auditor no serviço odontológico. **Saúde e Sociedade**, São Paulo, v. 22, n. 1, p. 237-248, 2013. Disponível em: <https://www.scielo.br/j/sausoc/a/KJt3nwSGcBZMnGh5QHFFC6v/?format=pdf&lang=pt>. Acesso em: 28 nov. 2022.

AZEREDO FILHO, U. G. de. **Matemática financeira**: juros simples e composto. Secretaria Estadual de Educação do Paraná, 2013. Disponível em: <http://www.diaadiaeducacao.pr.gov.br/portals/pde/arquivos/1672-8.pdf>. Acesso em: 28 nov. 2022.

BACKES, D. S. et al. Trabalho em equipe multiprofissional na saúde: da concepção ao desafio do fazer na prática. **Disciplinarum Scientia**, Santa Maria, v. 15, n. 2, p. 277-289, 2014. Disponível em: <https://periodicos.ufn.edu.br/index.php/disciplinarumS/article/view/1093/1037>. Acesso em: 12 dez. 2022.

BALZAN, M. V. **O perfil dos recursos humanos do setor de faturamento e seu desempenho na auditoria de contas de serviços médico-hospitalares**. 119 f. Dissertação (Mestrado em Administração Hospitalar) – Fundação Getúlio Vargas, São Paulo, 2000. Disponível em: <http://bibliotecadigital.fgv.br/dspace/bitstream/handle/10438/4716/1200000513.pdf?sequence=1&isAllowed=y>. Acesso em: 28 nov. 2022.

BEAL, A. **Gestão estratégica da informação**: como transformar a informação e a tecnologia da informação em fatores de crescimento e de alto desempenho nas organizações. São Paulo: Atlas, 2004.

BELL, J. **Como realizar um projecto de investigação**: um guia para a pesquisa em ciências sociais e da educação. 3. ed. Lisboa: Gradiva, 1997.

BELLOTTO, H. L. **Arquivos permanentes**: tratamento documental. 3. ed. Rio de Janeiro: FGV, 2005.

BERNARDES, I. P.; DELATORRE, H. **Gestão documental aplicada**. São Paulo: Arquivo Público do Estado de São Paulo, 2008. Disponível em: <http://www.arquivoestado.sp.gov.br/site/assets/publicacao/anexo/gestao_documental_aplicada.pdf>. Acesso em: 28 nov. 2022.

BERNARDES, L. L. **Avaliação da qualidade do serviço de transporte rodoviário interestadual de passageiros através do desenvolvimento de um sistema de indicadores.** 138 f.

Dissertação (Mestrado em Transportes) – Universidade de Brasília, Brasília, 2006. Disponível em: <https://repositorio.unb.br/handle/10482/6411>. Acesso em: 11 jan. 2023.

BERWICK, D. M.; GODFREY, A. B.; ROESSNER, J. **Melhorando a qualidade dos serviços médicos, hospitalares e da saúde**. São Paulo: Makron Books, 1995.

BITTAR, O. J. N. V. Gestão de processos e certificação para qualidade em saúde. **Revista da Associação Médica Brasileira**, v. 45, n. 4, p. 357-363, 1999. Disponível em: <https://www.scielo.br/j/ramb/a/dTLgz3MBbMgkKnGMmB9nPvP/?format=pdf&lang=pt>. Acesso em: 28 nov. 2022.

BOGDAN, R. C.; BIKLEN, S. K. **Investigação qualitativa em educação**: uma introdução à teoria e aos métodos. Porto: Porto Editora, 1994.

BRASIL. Constituição (1988). **Diário Oficial da União**, Brasília, DF, 5 out. 1988. Disponível em: <https://www.planalto.gov.br/ccivil_03/constituicao/constituicao.htm>. Acesso em: 28 nov. 2022.

BRASIL. Decreto n. 1.651, de 28 de setembro de 1995. **Diário Oficial da União**, Poder Executivo, Brasília, DF, 29 set. 1995. Disponível em: <http://www.planalto.gov.br/ccivil_03/decreto/1995/d1651.htm>. Acesso em: 10 dez. 2022.

BRASIL. Lei n. 6.439, de 1º de setembro de 1977. **Diário Oficial da União**, Poder Legislativo, Brasília, DF, 2 set. 1977. Disponível em: <http://www.planalto.gov.br/ccivil_03/leis/l6439.htm>. Acesso em: 28 nov. 2022.

BRASIL. Lei n. 8.069, de 13 de julho de 1990. **Diário Oficial da União**, Poder Legislativo, Brasília, DF, 16 jul. 1990a. Disponível em: <https://www.planalto.gov.br/ccivil_03/leis/l8069.htm>. Acesso em: 25 jan. 2023.

BRASIL. Lei n. 8.080, de 19 de setembro de 1990. **Diário Oficial da União**, Poder Legislativo, Brasília, DF, 20 set. 1990b. Disponível em: <http://www.planalto.gov.br/ccivil_03/leis/l8080.htm>. Acesso em: 29 nov. 2022.

BRASIL. Lei n. 8.689, de 27 de julho de 1993. **Diário Oficial da União**, Poder Legislativo, Brasília, DF, 27 jul. 1993. Disponível em: <http://www.planalto.gov.br/ccivil_03/leis/l8689.htm>. Acesso em: 10 dez. 2022.

BRASIL. Lei n. 9.656, de 3 de junho de 1998. **Diário Oficial da União**, Poder Legislativo, Brasília, DF, 4 jun. 1998. Disponível em: <http://www.planalto.gov.br/ccivil_03/leis/l9656.htm>. Acesso em: 10 dez. 2022.

BRASIL. Lei n. 9.961, de 28 de janeiro de 2000. **Diário Oficial da União**, Poder Legislativo, Brasília, DF, 29 jan. 2000. Disponível em: <http://www.planalto.gov.br/ccivil_03/leis/l9961.htm>. Acesso em: 8 dez. 2022.

BRASIL. Lei n. 13.003, de 24 de junho de 2014. **Diário Oficial da União**, Poder Legislativo, Brasília, DF, 25 jun. 2014. Disponível em: <http://www.planalto.gov.br/ccivil_03/_ato2011-2014/2014/lei/l13003.htm>. Acesso em: 28 nov. 2022.

BRASIL. Lei n. 13.709, de 14 de agosto de 2018. **Diário Oficial da União**, Poder Legislativo, Brasília, DF, 15 ago. 2018. Disponível em: <http://www.planalto.gov.br/ccivil_03/_ato2015-2018/2018/lei/l13709.htm>. Acesso em: 28 nov. 2022.

BRASIL. Ministério da Saúde. Morbidade hospitalar do SUS: lista de tabulação para morbidade. **DataSus**. Disponível em: <http://tabnet.datasus.gov.br/cgi/sih/mxcid10lm.htm>. Acesso em: 13 jan. 2023a.

BRASIL. Ministério da Saúde. Portaria n. 321, de 8 de fevereiro de 2007. **Diário Oficial da União**, Brasília, DF, 8 fev. 2007a. Disponível em: <https://bvsms.saude.gov.br/bvs/saudelegis/gm/2007/prt0321_08_02_2007_comp.html>. Acesso em: 28 nov. 2022.

BRASIL. Ministério da Saúde. Portaria n. 2.848, de 6 de novembro de 2007. **Diário Oficial da União**, Brasília, DF, 6 nov. 2007b. Disponível em: <https://bvsms.saude.gov.br/bvs/saudelegis/gm/2007/prt2848_06_11_2007.html>. Acesso em: 28 nov. 2022.

BRASIL. Ministério da Saúde. Secretaria de Assistência à Saúde. **Manual Brasileiro de Acreditação Hospitalar**. 3. ed. rev. e atual. Brasília, 2002a. (Série A. Normas e Manuais Técnicos, n. 117). Disponível em: <https://bvsms.saude.gov.br/bvs/publicacoes/acreditacao_hospitalar.pdf>. Acesso em: 29 nov. 2022.

BRASIL. Ministério da Saúde. Secretaria de Atenção à Saúde. Departamento de Regulação, Avaliação e Controle de Sistema. **Manual de Orientações para Contratação de Serviços de Saúde**. Brasília, 2017. Disponível em: <https://bvsms.saude.gov.br/bvs/publicacoes/manual_orientacoes_contratacao_servicos_saude.pdf>. Acesso em: 8 dez. 2022.

BRASIL. Ministério da Saúde. Secretaria de Vigilância em Saúde. Secretaria de Atenção à Saúde. **Política Nacional de Promoção da Saúde**. 3. ed. Brasília, 2010. (Série B. Textos Básicos de Saúde). Disponível em: <https://bvsms.saude.gov.br/bvs/publicacoes/politica_nacional_promocao_saude_3ed.pdf>. Acesso em: 13 jan. 2023.

BRASIL. Ministério da Saúde. **Sistema Único de Saúde**. Disponível em: <https://www.gov.br/saude/pt-br/assuntos/saude-de-a-a-z/s/sus>. Acesso em: 20 mar. 2023b.

BRASIL. Ministério do Trabalho. **Classificação Brasileira de Ocupações**. Disponível em: <http://cbo.maisemprego.mte.gov.br/cbosite/pages/home.jsf>. Acesso em: 29 nov. 2022.

BRASIL. Ministério do Trabalho e Emprego. Portaria n. 397, de 9 de outubro de 2002. **Diário Oficial da União**, Brasília, DF 9 out. 2002b. Disponível em: <https://www.legisweb.com.br/legislacao/?id=183723>. Acesso em: 29 nov. 2022.

BURMESTER, H. **Gestão da qualidade hospitalar**. São Paulo: Saraiva, 2013. (Série Gestão Estratégica de Saúde).

CALEMAN, G.; MOREIRA, M. L.; SANCHEZ, M. C. **Auditoria, controle e programação de serviços de saúde**. São Paulo: Faculdade de Saúde Pública da USP, 1998. (Série Saúde & Cidadania. v. 5). Disponível em: <https://bvsms.saude.gov.br/bvs/publicacoes/saude_cidadania_volume05.pdf>. Acesso em: 20 mar. 2023.

CARDOSO, F. E. G.; VIANA, L. K. Estudo de caso: o mapeamento de processos no setor de faturamento de um hospital. **The Journal of Engineering and Exact Sciences**, v. 3, n. 1, p. 49–51, 2017. Disponível em: <https://periodicos.ufv.br/jcec/article/view/2446941603012017049>. Acesso em: 8 dez. 2022.

CASAGRANDA, L. F. **Proposta e implantação de sistema de indicadores de desempenho integrado do planejamento estratégico ao planejamento orçamentário: uma abordagem com foco no resultado operacional financeiro.** 80 f. Dissertação (Mestrado em Engenharia de Produção) – Universidade Federal do Rio Grande do Sul, Porto Alegre, 2011. Disponível em: <https://lume.ufrgs.br/handle/10183/34772>. Acesso em: 26 jan. 2023.

CECCON, R. F. et al. Enfermagem, auditoria e regulação em saúde: um relato de experiência. **Revista Mineira de Enfermagem**, v. 17, n. 3, p. 695- 699, jul./set. 2013. Disponível em: <http://www.revenf.bvs.br/pdf/reme/v17n3/v17n3a16.pdf>. Acesso em: 29 nov. 2022.

CFC – Conselho Federal de Contabilidade. Resolução n. 820, de 17 de dezembro de 1997. **Diário Oficial da União**, Brasília, DF, 21 jan. 1998. Disponível em: <https://www.legisweb.com.br/legislacao/?id=95947>. Acesso em 11 jan. 2023.

CFC – Conselho Federal de Contabilidade. Resolução n. 986, de 21 de novembro de 2003. **Diário Oficial da União**, Brasília, DF, 28 nov. 2003. Disponível em: <https://www1.cfc.org.br/sisweb/SRE/docs/RES_986.pdf>. Acesso em: 11 jan. 2023.

CFM – Conselho Federal de Medicina. **Código de ética médica**: resolução n. 2.217, de 27 de setembro de 2018, modificada pelas Resoluções CFM nº 2.222/2018 e 2.226/2019. Brasília, 2019. Disponível em: <https://portal.cfm.org.br/images/PDF/cem2019.pdf>. Acesso em: 8 dez. 2022.

CFM – Conselho Federal de Medicina. **Recomendação n. 3, de 28 de março de 2014**. 2014. Disponível em: <https://portal.cfm.org.br/images/Recomendacoes/3_2014.pdf>. Acesso em: 8 dez. 2022.

CFM – Conselho Federal de Medicina. Resolução n. 1.638, de 10 de julho de 2002. **Diário Oficial da União**, Brasília, DF, 9 ago. 2002. Disponível em: <https://sistemas.cfm.org.br/normas/visualizar/resolucoes/BR/2002/1638>. Acesso em: 30 nov. 2022.

CFM – Conselho Federal de Medicina. Resolução n. 1.821, de 11 de julho de 2007. **Diário Oficial da União**, Brasília, DF, 23 nov. 2007. Disponível em: <https://www.gov.br/conarq/pt-br/legislacao-arquivistica/resolucoes/resolucao-cfm-no-1-821-de-11-de-julho-de-2007>. Acesso em: 30 nov. 2022.

CFM – Conselho Federal de Medicina; SBIS – Sociedade Brasileira de Informática em Saúde. **Cartilha sobre prontuário eletrônico**: a certificação de sistemas de registro eletrônico de saúde. 2012. Disponível em: <http://www.sbis.org.br/certificacao/Cartilha_SBIS_CFM_Prontuario_Eletronico_fev_2012.pdf>. Acesso em: 8 dez. 2022.

CHERUBIN, N. A. **A arte de ser um administrador hospitalar líder**. São Paulo: Ed. do Centro Universitário São Camilo, 2003.

CHIAVENATO, I. **Introdução à teoria geral da administração**. 6. ed. Rio de Janeiro: Campus, 2000.

CHOO, C. W. **A organização do conhecimento**: como as organizações usam a informação para criar significado, construir conhecimento e tomar decisões. Tradução de Eliana Rocha. São Paulo: Senac, 2003.

CLAUDINO, H. G. e. et al. Auditoria em registros de enfermagem: revisão integrativa da literatura. **Revista Enfermagem UERJ**, Rio de Janeiro, v. 21, n. 3, p. 397-402, jul./set. 2013. Disponível em: <https://www.e-publicacoes.uerj.br/index.php/enfermagemuerj/article/view/7550>. Acesso em: 8 dez. 2022.

COFEN – Conselho Federal de Enfermagem. Resolução n. 266, de 5 de outubro de 2001. **Diário Oficial da União**, Brasília, DF, 10 out. 2001. Disponível em: <http://www.cofen.gov.br/resoluo-cofen-2662001_4303.html>. Acesso em: 8 dez. 2022.

COFEN – Conselho Federal de Enfermagem. Resolução n. 564, de 6 de novembro de 2017. **Diário Oficial da União**, Brasília, DF, 6 dez. 2017. Disponível em: <http://www.cofen.gov.br/resolucao-cofen-no-5642017_59145.html>. Acesso em: 13 jan. 2023.

CONARQ – Conselho Nacional de Arquivos. Resolução n. 1, de 18 de outubro de 1995. **Diário Oficial da União**, Brasília, DF, 24 out. 1995. Disponível em: <https://www.gov.br/conarq/pt-br/legislacao-arquivistica/resolucoes-do-conarq/resolucao-no-1-de-18-de-outubro-de-1995>. Acesso em: 8 dez. 2022.

COSTA, A. L.; OLIVEIRA, M. M. B. de. Sistema de informação para prescrição e distribuição de medicamentos: o caso do Hospital das Clínicas da Faculdade de Medicina de Ribeirão Preto. **Revista de Administração**, v. 34, n. 3, p. 44-55, jul./set. 1999.

COSTA, C. G. A. da. **Desenvolvimento e avaliação tecnológica de um sistema de prontuário eletrônico do paciente , baseado nos paradigmas da World Wide Web e da engenharia de software.** 288 f. Dissertação (Mestrado em Engenharia Elétrica) – Universidade Estadual de Campinas, Campinas, 2001. Disponível em: <http://www.uel.br/projetos/oicr/pages/arquivos/Dissertacao_Claudio_Giulliano_PEP.pdf>. Acesso em: 11 jan. 2023.

COUTINHO, B. M. **Auditoria do Sistema Único de Saúde**: um estudo de caso do Componente Estadual de Auditoria de Pernambuco (CEA/SUS/PE). 37 f. Monografia (Especialização em Saúde Coletiva) – Fundação Oswaldo Cruz, Recife, 2014. Disponível em: <https://www.arca.fiocruz.br/handle/icict/29166>. Acesso em: 10 dez. 2022.

COUTTOLENC, B. F.; ZUCCHI, P. **Gestão de recursos financeiros**. São Paulo: Faculdade de Saúde Pública da USP, 1998. (Série Saúde e Cidadania, v. 10). Disponível em: <https://colecoes.abcd.usp.br/fsp/files/original/fa4fe5a621826cf2703dbf665f8eb8a3.pdf>. Acesso em: 7 dez. 2022.

CUNHA, F. J. A. P. **A gestão da informação nos hospitais**: importância do prontuário eletrônico na integração de sistemas de informação em saúde. 226 f. Dissertação (Mestrado em Ciência da Informação) – Universidade Federal da Bahia, Salvador, 2005. Disponível em: <https://repositorio.ufba.br/bitstream/ri/8174/1/Disserta%c3%a7%c3%a3o_Francisco%20Pedroza.pdf>. Acesso em: 8 dez. 2022.

CUNHA, S. M. B. da; BARROS, A. L. B. L. Análise da implementação da sistematização da assistência de enfermagem, segundo o modelo conceitual de Horta. **Revista Brasileira de Enfermagem**, Brasília, v. 58, n. 5, p. 568-572, set./out. 2005. Disponível em: <https://www.scielo.br/j/reben/a/g6wvLV6z9RyZYTF35P5pZ5M/?format=pdf&lang=pt>. Acesso em: 8 dez. 2022.

DAMASCENO, V. A.; ALVES, K. K. A. F. Aplicação e contribuições dos indicadores hospitalares: uma revisão integrativa. **Research, Society and Development**, v. 9, n. 8, p. 1-16, ago. 2020. Disponível em: <https://rsdjournal.org/index.php/rsd/article/view/6637/5996>. Acesso em: 8 dez. 2022.

DATASUS. **Sigtap**: sistema de gerenciamento da tabela de procedimentos, medicamentos e OPM do SUS. Disponível em: <http://sigtap.datasus.gov.br/tabela-unificada/app/sec/inicio.jsp>. Acesso em: 28 nov. 2022.

DAVENPORT, T. H.; PRUSAK, L. **Conhecimento empresarial**: como as organizações gerenciam o seu capital intelectual. Tradução de Lenke Peres. Rio de Janeiro: Elsevier, 1998.

DIAS, T. C. L. et al. Auditoria em enfermagem: revisão sistemática da literatura. **Revista Brasileira de Enfermagem**, Brasília, v. 64, n. 5, p. 931-937, set./out. 2011. Disponível em: <https://www.scielo.br/j/reben/a/QWDx5RgBn6kgxXcNy3QHjPC/?format=pdf&lang=pt>. Acesso em: 8 dez. 2022.

FATURAMENTO. Michaelis: dicionário brasileiro de língua portuguesa. Disponível em: <https://michaelis.uol.com.br/moderno-portugues/busca/portugues-brasileiro/faturamento/>. Acesso em: 30 nov. 2022.

FATURAR. Dicio: Dicionário Online de Português. Disponível em: <https://www.dicio.com.br/faturar/>. Acesso em: 11 jan. 2023.

FELDMAN, L. B.; GATTO, M. A. F.; CUNHA, I. C. K. O. História da evolução da qualidade hospitalar: dos padrões à acreditação. **Acta Paulista de Enfermagem**, São Paulo, v. 18, n. 2, p. 213-219, jun. 2005. Disponível em: <https://www.scielo.br/j/ape/a/MbZtTx43DzGsMFyjz4RyMGC/?format=pdf&lang=pt>. Acesso em: 11 jan. 2023.

FERNANDES, D. R. Uma contribuição sobre a construção de indicadores e sua importância para a gestão empresarial. **Revista da FAE**, Curitiba, v. 7, n. 1, p. 1-18, jan./jun. 2004. Disponível em: <https://revistafae.fae.edu/revistafae/article/view/430/326>. Acesso em: 11 jan. 2023.

FERREIRA, T. S. et al. Auditoria de enfermagem: o impacto das anotações de enfermagem no contexto das glosas hospitalares. **Aquichan**, Chía, v. 9, n. 1, p. 38-49, abr. 2009. Disponível em: <https://docs.bvsalud.org/biblioref/2020/09/50190/document-12.pdf>. Acesso em: 8 dez. 2022.

FEUERWERKER, L. C. M. Educação dos profissionais de saúde hoje: problemas, desafios, perspectivas e as propostas do Ministério da Saúde. **Revista da Abeno**, v. 3, n. 1, p. 24-27, 2003. Disponível em: <https://revabeno.emnuvens.com.br/revabeno/article/view/1360/938>. Acesso em: 12 dez. 2022.

FLOTTORP, S. A. et al. **Using Audit and Feedback to Health Professionals to Improve the Quality and Safety of Health Care**. Copenhagen: European Observatory on Health Systems and Policies, 2010. Disponível em: <https://www.euro.who.int/__data/assets/pdf_file/0003/124419/e94296.pdf>. Acesso em: 12 dez. 2022.

FRANCISCO, I. M. F.; CASTILHO, V. A enfermagem e o gerenciamento de custos. **Revista da Escola de Enfermagem da USP**, v. 36, n. 3, p. 240-244, set. 2002. Disponível em: <https://doi.org/10.1590/S0080-62342002000300005>. Acesso em: 8 dez. 2022.

FRANCO, A. A. D.; REIS, J. A. G. O papel da auditoria interna das empresas. In: ENCONTRO LATINO-AMERICANO DE INICIAÇÃO CIENTÍFICA, 8.; ENCONTRO

LATINO-AMERICANO DE PÓS-GRADUAÇÃO, 4., 2004, São José dos Campos. **Anais...** p. 968-971. Disponível em: <http://www.inicepg.univap.br/cd/INIC_2004/trabalhos/inic/pdf/IC6-106.pdf>. Acesso em: 9 dez. 2022.

FURUKAWA, M. S. A. et al. Auditoria de enfermagem e tomada de decisão no controle da qualidade da assistência. **Revista Interdisciplinar de Promoção da Saúde**, v. 1, n. 3, p. 214-220, jul./set. 2018. Disponível em: <https://online.unisc.br/seer/index.php/ripsunisc/article/view/12790>. Acesso em: 8 dez. 2022.

GAMARRA, T. P. das N. Auditoria na saúde suplementar: uma revisão integrativa. **Revista de Gestão em Sistemas de Saúde**, São Paulo, v. 7, n. 3, p. 221-237, set./dez. 2018. Disponível em: <https://periodicos.uninove.br/revistargss/article/view/12806/6336>. Acesso em: 12 dez. 2022.

GARCIA, C. T. F.; VIANA, C. D.; DE BRAGAS, L. Z. T. A auditoria de enfermagem e as glosas hospitalares. In: JORNADA DE PESQUISA, 20., 2015, Ijuí . **Anais...** Ijuí: Ed. da Unijuí, 2015. Disponível em: <https://www.publicacoeseventos.unijui.edu.br/index.php/salaoconhecimento/article/view/4588>. Acesso em: 8 dez. 2022.

GASPARETTO, V.; DORNELLES, T. S. Gerenciamento de processos: estudo em uma organização hospitalar catarinense. **Revista de Gestão em Sistemas de Saúde**, v. 4, n. 2, p. 57-72, jul./dez. 2015. Disponível em: <https://periodicos.uninove.br/revistargss/article/view/12739/6269>. Acesso em: 8 dez. 2022.

GERSCHMAN, S. et al. O papel necessário da Agência Nacional de Saúde Suplementar na regulação das relações entre operadoras de planos de saúde e prestadores de serviços. **Physis – Revista de Saúde Coletiva**, Rio de Janeiro, v. 22, n. 2, p. 463-476, jun. 2012. Disponível em: <https://www.scielo.br/j/physis/a/5tzSsKvNStS5RHNKSmhnrFM/?format=pdf&lang=pt>. Acesso em: 11 jan. 2023.

GONÇALVES, E. L. (Org.). **Gestão hospitalar**: administrando o hospital moderno. São Paulo: Saraiva, 2006.

GREGORI, M. S. Os Impactos da Lei Geral de Proteção de Dados Pessoais na saúde suplementar. **Revista de Direito do Consumidor**, v. 127, n. 29, p. 171-196, jan./fev. 2020. Disponível em: <https://revistadedireitodoconsumidor.emnuvens.com.br/rdc/article/view/1268/1189>. Acesso em: 8 dez. 2022.

GUERRER, G. F. F.; LIMA, A. F. C.; CASTILHO, V. Estudo da auditoria de contas em um hospital de ensino. **Revista Brasileira de Enfermagem**, v. 68, n. 3, p. 414-420, maio/jun. 2015. Disponível em: <https://www.scielo.br/j/reben/a/XQCjbDvzDjCnKG6GB3dQcYS/?lang=pt&format=pdf>. Acesso em: 8 dez. 2022.

GUIMARÃES, E. M. P.; ÉVORA, Y. D. M. Sistema de informação: instrumento para tomada de decisão no exercício da gerência. **Ciência da Informação**, Brasília, v. 33, n. 1, p. 72-80, jan./abr. 2004. Disponível em: <https://www.scielo.br/j/ci/a/XyD5tMC7NK7YFCsPgTvQCWM/?lang=pt&format=pdf>. Acesso em: 8 dez. 2022.

HALL, P.; WEAVER, L. Interdisciplinary Education and Teamwork: a Long and Winding Road. **Medical Education**, n. 35, p. 867-875, 2001. Disponível em: <https://csds.qld.edu.au/sdc/Provectus/GAPP/Team%20collaboration/files/Hall%20Team%20working%202001.pdf>. Acesso em: 8 dez. 2022.

HASENBALG, C.; SILVA, N. V. (Org.). **Origens e destinos**: desigualdades sociais ao longo da vida. Rio de Janeiro: Topbooks, 2003.

HAWRYLISZYN, L. O.; COELHO, N. G. S. C.; BARJA, P. R. Lei Geral de Proteção de Dados (LGPD): o desafio de sua implantação para a saúde. **Revista Univap**, São José dos Campos, v. 27, n. 54, 2021. Disponível em: <http://revista.univap.br/index.php/revistaunivap/article/view/2589/1700>. Acesso em: 28 nov. 2022.

HESS, T. Audit Checklist for Medical Necessity of Provided Services. **Advances in Skin & Wound Care**, v. 23, n. 7, p. 336, July 2010. Disponível em: <https://journals.lww.com/aswcjournal/fulltext/2010/07000/audit_checklist_for_medical_necessity_of_provided.12.aspx>. Acesso em: 8 dez. 2022.

ICHINOSE, R. M.; ALMEIDA, R. T. Desmistificando a certificação e a acreditação de hospitais. In: CONGRESO LATINOAMERICANO DE INGENIERÍA BIOMÉDICA, 2., 2001, Havana. Disponível em: <https://www.academia.edu/14302792/DESMISTIFICANDO_A_CERTIFICA%C3%87%C3%83O_E_A_ACREDITA%C3%87%C3%83O_DE_HOSPITAIS>. Acesso em: 29 nov. 2022.

IEZZI, G.; HAZZAN, S. **Fundamentos de matemática elementar**. São Paulo: Atual, 2004. v. 4: Sequências, matrizes, determinantes e sistemas.

INFANTE, M.; SANTOS, M. A. B. dos. A organização do abastecimento do hospital público a partir da cadeia produtiva: uma abordagem logística para área de saúde. **Ciência & Saúde Coletiva**, v. 12, n. 4, p. 945-954, jul./ago. 2007. Disponível em: <https://www.scielo.br/j/csc/a/QBNTgjZYGXd7WgnxHTZbd6k/?format=pdf&lang=pt>. Acesso em: 25 jan. 2023.

INOJOSA, R. M. Intersetorialidade e a configuração de um novo paradigma organizacional. **Revista de Administração Pública**, Rio de Janeiro, v. 32, n. 2, p. 35-48, mar./abr. 1998. Disponível em: <https://bibliotecadigital.fgv.br/ojs/index.php/rap/article/view/7698>. Acesso em: 12 dez. 2022.

JIMÉNEZ, E. G.; FLORES, J. G.; GÓMEZ, G. R. **Metodologia de la investigación cualitativa**. Granada: Ediciones Aljibe, 1996.

JUNQUEIRA, L. A. P. Descentralização e intersetorialidade: a construção de um modelo de gestão municipal. **Revista de Administração Pública**, Rio de Janeiro, v. 32, n. 2, p. 11-22, mar./abr. 1998. Disponível em: <https://bibliotecadigital.fgv.br/ojs/index.php/rap/article/view/7696>. Acesso em: 13 maio 2022.

KAYANO, J.; CALDAS, E. de L. Indicadores para diálogo. In: OLIVEIRA, F. de. et al. (Org.). **Novos contornos da gestão local**: conceitos em construção. São Paulo: Pólis, 2002. p. 291-308. Disponível em: <https://polis.org.br/wp-content/uploads/2020/03/Indicadores-para-o-Dialogo.pdf>. Acesso em: 8 dez. 2022.

KIM, M. J. Medical Auditing of Whole-Breast Screening Ultrasonography. **Ultrasonography**, v. 36, n. 3, p. 198-203, July 2017. Disponível em: <https://www.ncbi.nlm.nih.gov/pmc/articles/PMC5494866/pdf/usg-17005.pdf>. Acesso em: 11 dez. 2022.

LESSA, A. P. **Proteção de dados pessoais**: um plano viável de adequação da governança de dados à LGPD em empresas de pequeno porte. 37 f. Relatório de pesquisa (Tecnólogo em Gestão da Tecnologia da Informação) – Universidade do Sul de Santa Catarina, Palhoça, 2020. Disponível em: <https://repositorio.animaeducacao.com.br/bitstream/ANIMA/16204/1/Estudo_de_caso_Alexandre_Lessa_vFinal.pdf>. Acesso em: 8 dez. 2022.

LIMA, C. R. M.; OLIVEIRA, R. M. S. Prestadores de serviços no setor de saúde suplementar no Brasil. In: LIMA, C. R. M. (Org.). **Administração da Assistência Suplementar à Saúde**. Rio de Janeiro: E-Papers Serviços Editoriais, 2005. p. 21-68. Disponível em: <https://ridi.ibict.br/bitstream/123456789/1219/1/miolo_administrac3a7c3a3o.pdf>. Acesso em: 8 dez. 2022.

LIMA, K. W. S. de; ANTUNES, J. L. F.; SILVA, Z. P. da. Percepção dos gestores sobre o uso de indicadores nos serviços de saúde. **Saúde e Sociedade**, São Paulo, v. 24, n. 1, p. 61-71, jan./mar. 2015. Disponível em: <https://doi.org/10.1590/S0104-12902015000100005>. Acesso em: 8 dez. 2022.

LOCH, J. de A. Confidencialidade: natureza, características e limitações no contexto da relação clínica. **Bioética**, v. 11, n. 1, p. 51-64, 2003. Disponível em: <https://revistabioetica.cfm.org.br/index.php/revista_bioetica/article/view/149/153>. Acesso em: 8 dez. 2022.

LOPEZ, A. P. A. **Como descrever documentos de arquivo**: elaboração de instrumentos de pesquisa. São Paulo: Arquivo do Estado e Imprensa Oficial do Estado de São Paulo, 2002. (Projeto Como Fazer, 6). Disponível em: <https://repositorio.unb.br/bitstream/10482/589/1/LIVRO_como_descrever_documentos_de_arquivo.pdf>. Acesso em: 8 dez. 2022.

LUIZ, A. M. C. **Prontuário médico – prontuário eletrônico**: documento de ajuda ou condenação? Prova verossímil de defesa? 25 f. Trabalho de Conclusão de Curso (Extensão em Direito Médico) – Universidade Estadual do Rio de Janeiro, Rio de Janeiro, 2003.

LUZ, A. da; MARTINS, A. P.; DYNEWICZ, A. M. Características de anotações de enfermagem encontradas em auditoria. **Revista Eletrônica de Enfermagem**, v. 9, n. 2, p. 344-361, maio/ago. 2007. Disponível em: <https://revistas.ufg.br/fen/article/view/7165/5074>. Acesso em: 8 dez. 2022.

MACIEL, D. A.; FERREIRA, D. P.; MARIN, H. de F. Padrões de terminologias nacionais para procedimentos e intervenções na saúde. **Revista de Administração em Saúde**, v. 18, n. 71, abr./jun. 2018. Disponível em: <https://cqh.org.br/ojs-2.4.8/index.php/ras/article/view/111>. Acesso em: 30 nov. 2022.

MACIEL, R. F. **Manual prático sobre a Lei Geral de Proteção de Dados Pessoais (Lei n. 13.709/18)**. Goiânia: RM Digital Education, 2019.

MAGALHÃES, M. T. Q. **Metodologia para desenvolvimento de sistemas de indicadores**: uma aplicação no planejamento e gestão da Política Nacional de Transportes. 135 f. Dissertação (Mestrado em Transportes) – Universidade de Brasília, Brasília, DF, 2004. Disponível em: <https://www.researchgate.net/profile/Marcos-Magalhaes/publication/280571141_METODOLOGIA_PARA_DESENVOLVIMENTO_DE_SISTEMAS_DE_INDICADORES_UMA_APLICACAO_NO_PLANEJAMENTO_E_GESTAO_DA_POLITICA_NACIONAL_DE_TRANSPORTES/links/55bac8e808ae9289a0927ad2/METODOLOGIA-PARA-DESENVOLVIMENTO-DE-SISTEMAS-DE-INDICADORES-UMA-APLICACAO-NO-PLANEJAMENTO-E-GESTAO-DA-POLITICA-NACIONAL-DE-TRANSPORTES.pdf>. Acesso em: 11 jan. 2023.

MAIA, J. R.; PAES, P. P. L. **Manual de auditoria de contas médicas**. Juiz de Fora: Exército Brasileiro, 2005. Disponível em: <http://www.periciamedicadf.com.br/publicacoes/manual_auditoria_contas_medicas_MD.pdf>. Acesso em: 8 dez. 2022.

MALDONADO, V. N. (Coord.). **LGPD**: Lei Geral de Proteção de Dados Pessoais – Manual de Implementação. São Paulo: Thomson Reuters Brasil, 2019.

MANZO, B. F.; BRITO, M. J. M.;CORRÊA, A. dos R. Implicações do processo de acreditação hospitalar no cotidiano de profissionais de saúde. **Revista da Escola de Enfermagem da USP**, v. 46, n. 2, p. 388-394, abr. 2012. Disponível em: <https://www.scielo.br/j/reeusp/a/stPbT8qyFdyQdnnhsh8ygpy/?lang=pt>. Acesso em: 11 jan. 2023.

MARIN, H. de F.; MASSAD, E.; AZEVEDO NETO, R. S. de. Prontuário eletrônico do paciente: definições e conceitos. In: MASSAD, E.; MARIN, H. de F.; AZEVEDO NETO, R. S. de (Ed.). **O prontuário eletrônico do paciente na assistência, informação e conhecimento médico**. São Paulo: H. de F. Marin, 2003. p. 1-20. Disponível em: <http://www.sbis.org.br/biblioteca_virtual/prontuario.pdf>. Acesso em: 8 dez. 2022.

MARQUES, M. **Auditoria e gestão**. Lisboa: Editorial Presença, 1997.

MARTINS, E. **Contabilidade de custos**. 9. ed. São Paulo: Atlas, 2003.

MARTINS, I.; MORAIS, G. Auditoria interna: função e processo. **Millenium**, n. 13, 1999. Disponível em: <https://repositorio.ipv.pt/bitstream/10400.19/843/1/Auditoria%20interna.pdf>. Acesso em: 30 nov. 2022.

MAURIZ, C. et al. Faturamento hospitalar: um passo a mais. **Revista Inova Ação**, Teresina, v. 1, n. 1, p. 38-44, jan./jun. 2012. Disponível em: <http://www4.unifsa.com.br/revista/index.php/inovaacao/article/view/479>. Acesso em: 8 dez. 2022.

MAUTZ, R. K. **Princípios de auditoria**. Tradução de Hilário Franco. 3. ed. São Paulo: Atlas, 1980. v. II.

MAZZA, F. F. Aspectos inconstitucionais do ressarcimento ao SUS. **Revista da Faculdade de Direito de Uberlândia**, v. 38, n. 2, p. 459-487, 2010. Disponível em: <https://seer.ufu.br/index.php/revistafadir/article/view/18423/9857>. Acesso em: 8 dez. 2022.

MCGEE, J.; PRUSAK, L. **Gerenciamento estratégico da informação**: aumente a competitividade e a eficiência de sua empresa utilizando a informação como uma ferramenta estratégica. Tradução de Astrid B. de Figueiredo. Rio de Janeiro: Campus, 1994.

MELO, M. B. de; VAITSMAN, J. Auditoria e avaliação no Sistema Único de Saúde. **São Paulo em Perspectiva**, v. 22, n. 1, p. 152-164, jan./jun. 2008. Disponível em: <http://www.esp.mg.gov.br/wp-content/uploads/2009/04/Artigo-Auditoria1.pdf>. Acesso em: 11 dez. 2022.

MORAIS, E. R.; GONÇALVES, G. L.; AMARAL, M. S. Importância das anotações de enfermagem na auditoria: uma revisão bibliográfica. **Revista Científica FacMais**, v. 9, n. 2, p. 78-93, jul. 2017. Disponível em: <https://revistacientifica.facmais.com.br/wp-content/uploads/2017/09/4.-IMPORT%C3%82NCIA-DAS-ANOTA%C3%87%C3%95ES-DE-ENFERMAGEM-NA-AUDITORIA-UMA-REVIS%C3%83O-BIBLIOGR%C3%81FICA.pdf>. Acesso em: 8 dez. 2022.

MÜHLHAUSEN, A. C.; GARCIA, S. **Criação de indicadores para o setor de recurso de glosas de um hospital privado de Joinville-SC.** 76 f. Trabalho de Conclusão de Curso (Tecnólogo em Gestão Hospitalar) – Instituto Federal de Santa Catarina, Joinville, 2012. Disponível em: <http://joinville.ifsc.edu.br/~bibliotecajoi/arquivos/tcc/gh/2012/94407.pdf>. Acesso em: 27 nov. 2022.

NOVY, A. A. C. **Recursos de glosas**: o papel do enfermeiro auditor. 22 f. Trabalho de Conclusão de Curso (Especialização em Gestão Pública) – Universidade Federal de Minas Gerais, Belo Horizonte, 2019. Disponível em: <https://repositorio.ufmg.br/bitstream/1843/32313/1/Adriana%20Alves%20Cordeiro%20Novy.pdf>. Acesso: 8 dez. 2022.

OLIVEIRA, L. M. de; DINIZ FILHO, A. **Curso básico de auditoria**. São Paulo: Atlas, 2001.

ONA – Organização Nacional de Acreditação. **O papel da ONA na construção do sistema de saúde brasileiro**. 2021. Disponível em: <https://www.ona.org.br/anexos/resumo_pt.pdf>. Acesso em: 28 nov. 2022.

ONA – Organização Nacional de Acreditação. **Sobre**. Disponível em: <https://www.ona.org.br>. Acesso em: 28 nov. 2022.

PADILHA, M. I. C. de S. A qualidade da assistência de enfermagem e os custos hospitalares. **Revista Hosp. Adm. em Saúde**, v. 14, n. 3, p. 128-133, 1990.

PAIM, C. da R. P.; CICONELLI, R. M. Auditoria de avaliação da qualidade dos serviços de saúde. **Revista de Administração em Saúde**, v. 9, n. 36, p. 85-92, jun./set. 2007. Disponível em: <https://adm.online.unip.br/img_ead_dp/37266.PDF>. Acesso em: 8 dez. 2022.

PATERNO, D. **A administração de materiais no hospital**: compras, almoxarifado e farmácia. 2. ed. São Paulo: Centro São Camilo de Desenvolvimento em Administração de Saúde, 1990.

PATRÍCIO, C. M. et al. O prontuário eletrônico do paciente no sistema de saúde brasileiro: uma realidade para os médicos? **Scientia Medica**, Porto Alegre, v. 21, n. 3, p. 121-131, 2011. Disponível em: <https://revistaseletronicas.pucrs.br/ojs/index.php/scientiamedica/article/view/8723/6722>. Acesso em: 8 dez. 2022.

PAZIN VITORIANO, M. C. C. **Arquivos de empresas**: tipologia documental. São Paulo: Associação de Arquivistas de São Paulo, 2005.

PEDROSO, M. C.; MALIK, A. M. As quatro dimensões competitivas da saúde. **Harvard Business Review Brasil**, v. 89, n. 3, p. 59-67, 2011. Disponível em: <https://pesquisa-eaesp.fgv.br/sites/gvpesquisa.fgv.br/files/arquivos/malik_-_as_quatro_dimensoes_competitivas_da_saude_-_harvard_business_review_brasil.pdf>. Acesso em: 25 jan. 2023.

PEREIRA, A. A. **O papel do enfermeiro auditor na instituição hospitalar e no sistema de saúde suplementar**. Monografia (Pós-graduação em Auditoria e Gestão em Saúde) – Universidade Tuiuti do Paraná, Curitiba, 2010.

PEREIRA, S. S. da S. **Ressarcimento ao SUS pelas operadoras de planos privados**: uma política de regulação na saúde suplementar. 132 f. Tese (Doutorado em Saúde Pública) – Fundação Oswaldo Cruz, Rio de Janeiro, 2021. Disponível em: <https://www.arca.fiocruz.br/bitstream/handle/icict/50723/silvana_souza_silva_pereira_ensp_dout_2021.pdf?sequence=2&isAllowed=y>. Acesso em: 8 dez. 2022.

PIANCASTELLI, C. H.; FARIA, H. P.; SILVEIRA, M. R. O trabalho em equipe. In: SANTANA, J. P. (Org.). **Organização do cuidado a partir de problemas**: uma alternativa metodológica para a atuação da equipe de saúde da família. Brasília: Opas/Representação do Brasil, 2000. p. 45-50. Disponível em: <https://www.nescon.medicina.ufmg.br/biblioteca/imagem/0210.pdf>. Acesso em: 20 mar. 2023.

PINHEIRO, J. L. **Auditoria interna**: auditoria operacional – Manual prático para auditores internos. 2. ed. Sintra: Rei dos Livros, 2010.

PINTO, V. B. Prontuário eletrônico do paciente: documento técnico de informação e comunicação do domínio da saúde. **Encontros Bibli**, Florianópolis, v. 11, n. 21, p. 34-48, 2007. Disponível em: <https://doi.org/10.5007/1518-2924.2006v11n21p34>. Acesso: 8 dez. 2022.

PINTO, V. B.; SOARES, M. E. (Org.). **Informação para área da saúde**: prontuário do paciente, ontologia de imagem, terminologia, legislação e gerenciamento eletrônico de documentos. Fortaleza: Edições UFC, 2010.

PRAHINSKI, C.; BENTON, W. C. Supplier Evaluations: Communication Strategies to Improve Supplier Performance. **Journal of Operations Management**, v. 22, n. 1, p. 39-62, Feb. 2004. Disponível em: <https://onlinelibrary.wiley.com/toc/18731317/2004/22/1>. Acesso em: 8 dez. 2022.

RECEITA. **Dicio**: Dicionário Online de Português. Disponível em: <https://www.dicio.com.br/receita/>. Acesso em: 11 jan. 2023.

REZENDE, S. M. de; FAVERO, H. L. A importância do controle interno dentro das organizações. **Revista de Administração Nobel**, n. 3, p. 33-44, jan./jun. 2004. Disponível em: <https://docplayer.com.br/2532313-A-importancia-do-controle-interno-dentro-das-organizacoes.html>. Acesso em: 20 mar. 2023.

RHOADS. J. B. **La función de la gestión de documentos y archivos en los sistemas nacionales de información**: un estudio del RAMP. Paris: Unesco, 1983. Disponível em: <https://unesdoc.unesco.org/ark:/48223/pf0000056689_spa/PDF/056689spao.pdf.multi>. Acesso em: 8 dez. 2022.

RICARDINO, Á.; CARVALHO, L. N. Breve retrospectiva do desenvolvimento das atividades de auditoria no Brasil. **Revista Contabilidade & Finanças**, São Paulo, v. 15, n. 35, p. 22-34, maio/ago. 2004. Disponível em: <https://www.scielo.br/j/rcf/a/LyB7pqG6d6ryLbJrpkzPR3F/?lang=pt&format=html>. Acesso em: 1º dez. 2022.

ROBBINS, S. P. **Fundamentos do comportamento organizacional**. 7. ed. Tradução de Reynaldo Marcondes. São Paulo: Pearson Education, 2004.

ROBERTO, W. L. C.; LIRA, R. A. O gestor hospitalar e sua atuação frente ao suprimento de materiais. **Perspectivas on-line**, v. 4, n. 13, p. 87-104, 2010. Disponível em: <https://ojs3.perspectivasonline.com.br/revista_antiga/article/view/412/322>. Acesso em: 8 dez. 2022.

ROCHA, E. S. B. et al. Gestão da qualidade na enfermagem brasileira: revisão de literatura. **Revista Enfermagem da UERJ**, Rio de Janeiro, v. 21, n. 6, p. 812-817, dez. 2013. Disponível em: <https://www.e-publicacoes.uerj.br/index.php/enfermagemuerj/article/view/12299/9576>. Acesso em: 8 dez. 2022.

RODRIGUES, J. A. R. M. et al. Glosas em contas hospitalares: um desafio à gestão. **Revista Brasileira de Enfermagem**, v. 71, n. 5, p. 2658-2666, 2018. Disponível em: <https://www.scielo.br/j/reben/a/qG63bghrq8KRFjjz5ryMs3D/?format=pdf&lang=pt>. Acesso em: 11 jan. 2023.

ROMANO, B. W. **Princípios para a prática da psicologia clínica em hospitais**. São Paulo: Casa do Psicólogo, 1999.

ROSA, V. L. **Evolução da auditoria em saúde no Brasil**. 32 f. Monografia (Especialização em Auditoria em Saúde) – Centro Universitário Filadélfia, Londrina, 2012. Disponível em: <https://web.unifil.br/pergamum/vinculos/000007/000007B1.pdf>. Acesso em: 10 dez. 2022.

SÁ, I. P. de. **Matemática comercial e financeira para educadores matemáticos**. Rio de Janeiro: Sotese, 2005.

SALES-PERES, S. H. de C. et al. Sigilo profissional e valores éticos. **RFO**, v. 13, n. 1, p. 7-13, jan./abr. 2008. Disponível em: <http://files.bvs.br/upload/S/1413-4012/2008/v13n1/a7-13.pdf>. Acesso em: 8 dez. 2022.

SALOMI, M. J. A.; MACIEL, R. F. Gestão de documentos e automação de processos em uma instituição de saúde sem papel. **Journal Of Health Informatics**, v. 8, n. 1, p. 31-38, jan./mar. 2016. Disponível em: <https://jhi.sbis.org.br/index.php/jhi-sbis/article/view/387/258>. Acesso em: 8 dez. 2022.

SALU, E. J. **Modelo GFACH**: gestão em faturamento, auditoria de contas e administração comercial hospitalar. Edição do autor. São Paulo: [s.n.], 2015.

SANDRONI, P. **Dicionário de administração e finanças**. 3. ed. São Paulo: Best Seller, 2001.

SANTOS, B. de S. **Pela mão de Alice**: o social e o político na pós-modernidade. São Paulo: Cortez, 1996.

SANTOS, C. de S.; CASTANEDA, M. V. N. G.; BARBOSA, J. D. Indicadores de desempenho das Ifes da Região Nordeste: uma análise comparativa. In: COLÓQUIO INTERNACIONAL SOBRE GESTÃO UNIVERSITÁRIA NA AMÉRICA DO SUL, 11., 2011,

Florianópolis. **Anais...** Disponível em: <https://repositorio.ufsc.br/xmlui/bitstream/handle/123456789/25952/2.4.pdf?sequence=1&isAllowed=y>. Acesso em: 8 dez. 2022.

SANTOS, M. P. dos; ROSA, C. D. P. da. Auditoria de contas hospitalares: análise dos principais motivos de glosas em uma instituição privada. **Revista da Faculdade de Ciências Médicas de Sorocaba**, v. 15, n. 4, p. 125-132, 2013. Disponível em: <https://revistas.pucsp.br/index.php/RFCMS/article/view/17653/pdf>. Acesso em: 27 nov. 2022.

SARDINHA, P. OPME: uma conta perigosa e compartilhada. **Abramge**. Disponível em: <https://www.abramge.com.br/portal/index.php/pt-BR/?option=com_content&view=article&id=226:opme-uma-conta-perigosa-e-compartilhada&catid=137&Itemid=396&lang=pt-BR>. Acesso em: 27 nov. 2022.

SBP – Sociedade Brasileira de Patologia. **Comunicado Oficial CBHPM 2020-2021**. 2020. Disponível em: <https://www.sbp.org.br/wb/wp-content/uploads/2020/10/Comunicado-CBHPM-2020-2021.pdf>. Acesso em: 8 jan. 2023.

SEGATELI, T. N.; CASTANHEIRA, N. A atuação do profissional enfermeiro na auditoria em saúde. **Revista Saúde e Desenvolvimento**, v. 7, n. 4, p. 43-56, jan./dez. 2015. Disponível em: <https://www.revistasuninter.com/revistasaude/index.php/saudeDesenvolvimento/issue/view/27>. Acesso em: 27 nov. 2022.

SILVA, A. M. B. da. **Auditoria do management público**. Lisboa: Universidade Autónoma de Lisboa, 2000.

SIMPRO. **Quem somos**. Disponível em: <https://www.simpro.com.br/PortalPages/Empresa/Sobre.aspx>. Acesso em: 27 nov. 2022.

SLACK, N.; CHAMBERS, S.; JOHNSTON, R. **Administração da produção**. Tradução de Maria Teresa Corrêa de Oliveira e Fábio Alher. São Paulo: Atlas, 1997.

SOUZA, J. P.; PILEGGI-CASTRO, C. Sobre o parto e o nascer: a importância da prevenção quaternária. **Cadernos de Saúde Pública**, n. 30, p. S11-S13, ago. 2014. Disponível em: <https://doi.org/10.1590/0102-311XPE02S114>. Acesso em: 27 nov. 2022.

SOUZA, L. A. A. de; DYNIEWICZ, A. M.; KALINOWSKI, L. C. Auditoria: uma abordagem histórica e atual. **RAS**, v. 12, n. 47. p. 71-78, abr./jun. 2010. Disponível em: <https://www.sentidounico.com.br/wp-content/uploads/2018/05/artigo-9.pdf>. Acesso em: 27 nov. 2022.

SPILLER, E. S. et al. **Gestão dos serviços em saúde**. Rio de Janeiro: FGV, 2009.

TABORDA, D. M. G. **Auditoria**: revisão legal das contas e outras funções do revisor oficial de contas. 2. ed. Lisboa: Edições Sílabo, 2015.

TANNURE, M. C.; PINHEIRO, A. M. SAE – **Sistematização da assistência de enfermagem**: guia prático. 2. ed. Rio de Janeiro: Guanabara Koogan, 2010.

TORQUATO, G. **Comunicação nas organizações**. São Paulo: Summus, 2015.

VALÉRIO, C. V. **Auditoria interna com enfoque nos controles internos**. 58 f. Monografia – Centro Universitário do Distrito Federal, Brasília, 2003. Disponível em: <https://ainfo.cnptia.embrapa.br/digital/bitstream/item/130301/1/Monografia-Cristine.pdf>. Acesso em: 27 nov. 2022.

VAZ, L. W. A importância do recurso de glosa. **Portal Hospitais Brasil**, 15 fev. 2018. Disponível em: <https://portalhospitaisbrasil.com.br/artigo-a-importancia-do-recurso-de-glosa/>. Acesso em: 27 nov. 2022.

VECINA NETO, G.; REINHARDT FILHO, W. **Gestão de recursos materiais e de medicamentos**. São Paulo: Faculdade de Saúde Pública da USP, 1998. (Série Saúde & Cidadania, v. 12). Disponível em: <https://colecoes.abcd.usp.br/fsp/items/show/2372#?c=0&m=0&s=0&cv=0>. Acesso em: 27 nov. 2022.

VIEIRA, S. A. A auditoria e os sistemas de controles internos no Brasil: antecedentes e evolução. **Revista de Economia Mackenzie**, v. 5, n. 5, p. 175-193, 2007. Disponível em: <https://biblat.unam.mx/hevila/RevistadeeconomiaMackenzie/2007/vol5/no5/7.pdf>. Acesso em: 27 nov. 2022.

VIEIRA, S. B. **Técnicas de arquivo e controle de documentos**. Rio de Janeiro: Temas & Ideias, 2001.

VOESE, S. B.; MELLO, R. J. G. de. Análise bibliométrica sobre gestão estratégica de custos no Congresso Brasileiro de Custos: Aplicação da Lei de Lotka. **Revista Capital Científico**, v. 11, n. 1, jan./jun. 2013. Disponível em: <https://revistas.unicentro.br/index.php/capitalcientifico/article/view/1995/1972>. Acesso em: 26 nov. 2022.

ZANON, U. **Qualidade da assistência médico-hospitalar**: conceito, avaliação e discussão dos indicadores de qualidade. Rio de Janeiro: Medsi, 2001.

ZIROLDO, R. R.; GIMENES, R. O.; CASTELO JÚNIOR, C. A importância da saúde suplementar na demanda da prestação dos serviços assistenciais no Brasil. **O mundo da Saúde**, São Paulo, v. 37, n. 2, p. 216-221, 2013. Disponível: < https://bvsms.saude.gov.br/bvs/artigos/mundo_saude/importancia_saude_suplementar_demanda_prestacao.pdf>. Acesso em: 26 nov. 2022.

ZUNTA, R. S. B.; LIMA, A. F. C. Processo de auditoria e faturamento de contas em hospital geral privado: um estudo de caso. **Revista Eletrônica de Enfermagem**, v. 19, p. 1-12, 2017. Disponível em: <https://revistas.ufg.br/fen/article/view/42082>. Acesso em: 10 dez. 2022.

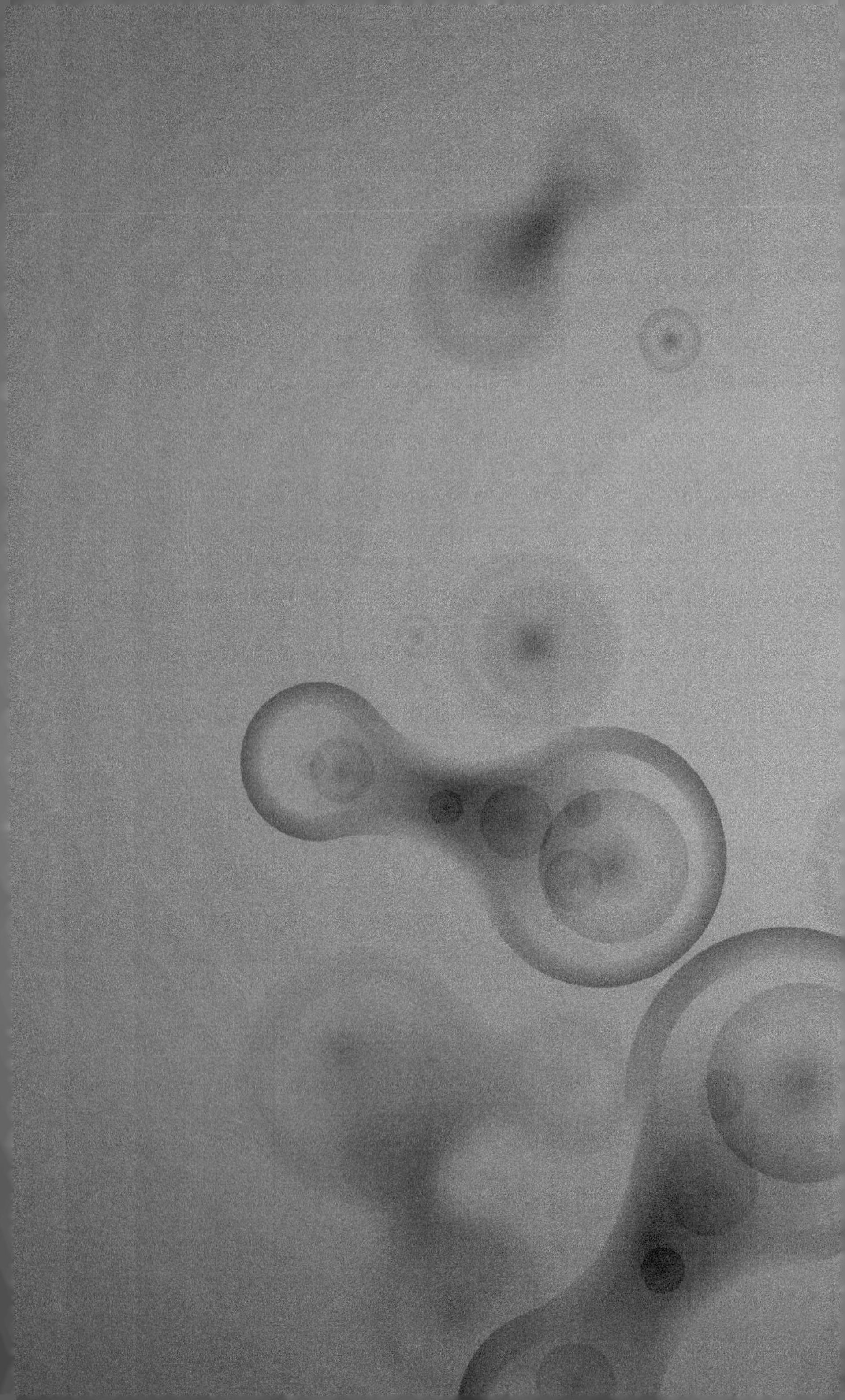

Respostas

Capítulo 1

Questões para revisão

1. b
2. A ISO é uma instituição certificadora que avalia os processos da instituição com base documental, reunindo as principais características e princípios para avaliar se tal organização atende às necessidades dos clientes.
3. d
4. É essencial que as instituições de saúde mantenham a preocupação com a melhoria da qualidade e de sua gestão operacional e assistencial.
5. d

Questão para reflexão

1. Resposta esperada: Os padrões são importantes para que o processo ocorra da melhor forma possível. A ausência de um padrão prejudica bastante as estatísticas e a transmissão das informações estratégicas. Nessa direção, é importante destacar os processos corretos e assertivos, que são a base para evitar glosas por parte do SUS ou das operadoras de saúde. As questões levantadas no tópico corroboram a necessidade de um atendimento de qualidade no ambiente hospitalar, demonstrando, claramente, que processos bem desenhados tornam a instituição mais competitiva e aumentam seu grau de comprometimento com o beneficiário.

Capítulo 2

Questões para revisão

1. Produtividade é a relação entre a quantidade de produto obtida no processo de produção e a quantidade do fator necessário para sua obtenção.
2. Faturamento é o ato de faturar, ou seja, fazer a fatura da comercialização de bens ou prestação de serviços mediante contrapartida monetária (pagamento).
3. A área de faturamento precisa ter interface com as demais, pois é ela quem realiza o envio dos dados para o recebimento pelo serviço prestado. Nesse sentido, seu bom relacionamento deve iniciar na recepção da instituição até altos cargos, a fim de que estejam em sintonia para o processo fluir eficazmente.
4. d
5. c
6. c

Questões para reflexão

1. Resposta esperada: A área da saúde exige uma administração eficaz e, para isso, o conhecimento e a compreensão de todos os processos relacionados a ela fazem toda a diferença na carreira e na atuação do gestor.
2. Resposta esperada: O gestor hospitalar precisa desenvolver a visão mercadológica. O custo no mercado da saúde está em constante aumento; por isso, é necessário reconhecer a importância do setor de faturamento nessa análise, pois ele detém as informações e os controles essenciais para a entrada e a saída da receita da instituição.

Capítulo 3

Questões para revisão

1. d
2. Na prática, o processo de faturamento é o responsável pelas contas que comprovam a utilização dos recursos disponibilizados na prestação de serviços aos pacientes e são encaminhadas às operadoras de planos de saúde. Após o recebimento e a análise dos documentos, a operadora paga ou se recusa a fazê-lo, o que configura recusa médica.
3. As rotinas de auditorias administrativa e técnica devem estar formalizadas em contrato, considerando-se também as possibilidades que poderão incorrer em glosas, o faturamento apresentado e os prazos para contestar essas inadimplências, inclusive para resposta da operadora e pagamento dos serviços caso revogada a glosa.
4. c
5. a

Questão para reflexão

1. Resposta esperada: O contrato de prestação de serviço entre agentes de saúde é importante para proteger as partes envolvidas, garantindo a especificação dos meios utilizados para a execução do que foi acordado, além da transparência da relação, com o alinhamento dos interesses de ambas as partes e a descrição da remuneração acordada pelo prestador de serviço.

Capítulo 4

Questões para revisão

1. d
2. c

3. Não. O sigilo médico também recai sobre os anexos do prontuário, como exames, evolução clínica e qualquer outra informação da vida do paciente.
4. Como foi visto na Seção 4.2, o médico tem a prerrogativa de sigilo médico conforme o Código de Ética Médica. Nesse caso, não seria possível a disponibilização das informações, mesmo que solicitadas pela mãe da paciente. As informações tratadas durante a consulta médico × paciente só poderiam ser fornecidas mediante prévia autorização da jovem.
5. b

Questão para reflexão

1. Resposta esperada: Nesse cenário, fica claro que a informatização de todo o ambiente, com a integração do prontuário de forma eletrônica e a comunicação com o sistema de faturamento, será a melhor saída para mitigar esse gargalo de perdas financeiras.

Capítulo 5

Questões para revisão

1. O profissional de enfermagem estabelece uma relação explícita com as ações assistenciais desenvolvidas; logo, detém o conhecimento técnico-administrativo para a prática da auditoria.
2. a
3. Trata-se de um setor voltado exclusivamente para as tratativas das glosas apresentadas pelas operadoras. A capacitação exclusiva de seus profissionais permite o apontamento dos itens reprovados e os procedimentos para a negociação e a resolução do saldo.
4. b
5. e

Questão para reflexão

1. Resposta esperada: O primeiro passo é a implementação de prontuário eletrônico. Em seguida, o treinamento constante de toda a equipe, desde a assistencial (médicos, equipe de enfermagem) até o administrativo (atendimento, faturamento, auditoria). Outra estratégia é construir um sistema de gestão qualificado e capaz de auxiliar toda a equipe nos passos necessários para evitar glosas. Por fim, realizar auditorias internas recorrentes para identificar e antecipar qualquer falha.

Capítulo 6

Questões para revisão

1. b
2. d
3. A defesa do interesse público na assistência suplementar à saúde. A atribuição é regular as operadoras de planos de saúde privados do país, trazendo resoluções que tratam das relações com prestadores e consumidores.
4. A auditoria interna desenvolve o papel de prevenção no que se refere à preocupação com o desenvolvimento econômico, à prevenção de ocorrências e à identificação de controles de riscos, auxiliando nas demandas gerenciais de tomada de decisão.
5. c

Questão para reflexão

1. Resposta esperada: A auditoria interna tem o papel de intensificar as monitorias de processos nas instituições, bem como de realizar amostragens em número expressivo para comprovar que os valores cobrados estão condizentes com o mercado.

Sobre os autores

Andreia Braga Busmeyer é MBA em Gestão da Excelência em Serviços de Saúde pela Universidade Positivo; especialista com certificação Green Belt em Gestão por Processos e da Qualidade pela Faculdade de Administração e Economia (FAE); e MBA em Governança, Riscos, Regulação e Compliance em Saúde pela Faculdade Unimed. Graduada em Gestão Hospitalar pela Universidade Norte do Paraná (Unopar) e em Gestão de Cooperativas pelo Instituto Superior de Administração e Economia (Isae), é analista de governança corporativa pleno em uma cooperativa médica há 10 anos.

Rafael Mariano dos Santos é doutorando em Literatura Espanhola na Universidade de São Paulo (USP), com mestrado, licenciatura e bacharelado em Letras pela mesma instituição. É gestor escolar e atua, paralelamente, como revisor de textos. Seus estudos concentram-se na comparação entre as obras de Miguel de Cervantes e Machado de Assis.

Os papéis utilizados neste livro, certificados por instituições ambientais competentes, são recicláveis, provenientes de fontes renováveis e, portanto, um meio responsável e natural de informação e conhecimento.

FSC
www.fsc.org
MISTO
Papel | Apoiando o manejo florestal responsável
FSC® C103535

Impressão: Reproset